사쇼하지만
그것도 범죄야

교양
좀 있는
십 대

사소하지만 그것도 범죄야

알게 모르게 저지르는 잘못을 바로잡는 최신 법 상식 쌓기

초판 1쇄 발행 2026년 1월 15일

지은이 정지우
그린이 신병근 | **함께그린이** 선주리 · 조금상

펴낸이 홍보람
편집부장 이정은 | **편집** 이경희 | **외주 디자인** 신병근
마케팅 신태섭 · 조영행 · 박가은 | **관리** 이은경 · 박두레 · 정원경 · 김정선

펴낸곳 도서출판 풀빛 | **등록** 1979년 3월 6일 제2021-000055호
주소 07547 서울시 강서구 양천로 583, 우림블루나인 A동 21층 2110호
전화 02-363-5995(영업), 02-364-0844(편집) | **팩스** 070-4275-0445
홈페이지 www.pulbit.co.kr | **전자우편** inmun@pulbit.co.kr

© 정지우, 2026

ISBN 979-11-94636-60-1 43360

• 책값은 뒤표지에 표시되어 있습니다.
• 파본이나 잘못된 책은 구입하신 곳에서 바꿔드립니다.

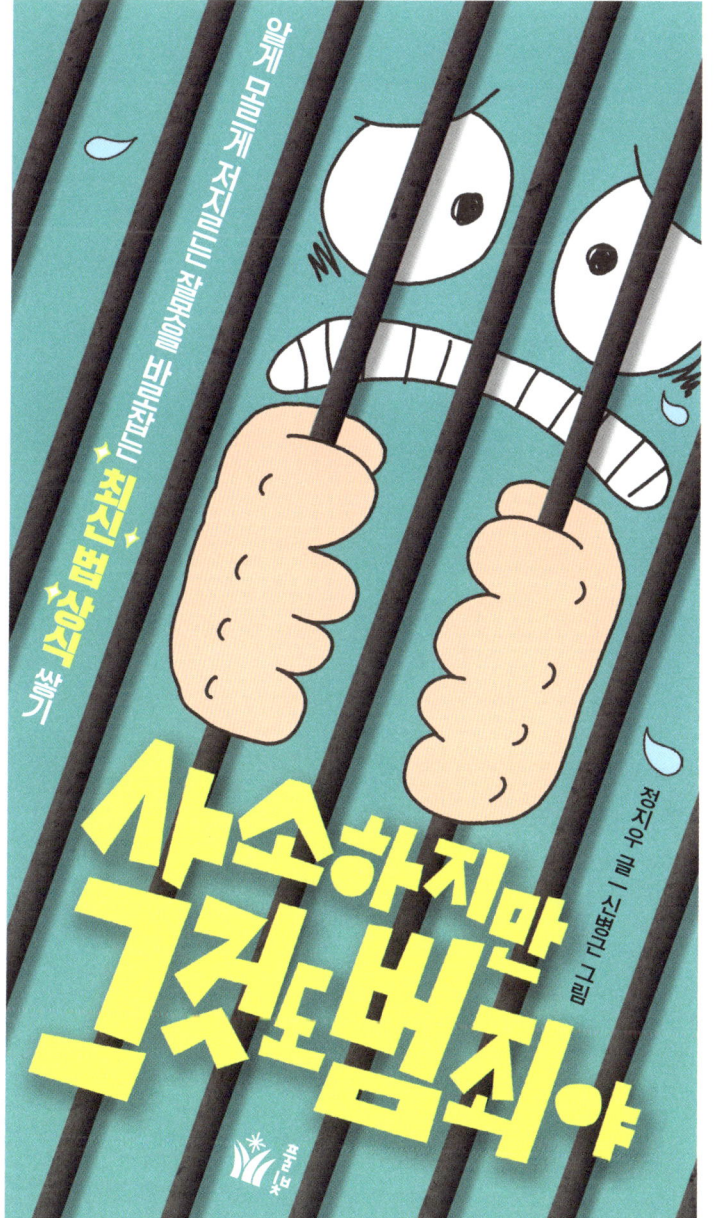

법은 우리 모두를 지키는 힘이자 무기이자 방패

많은 청소년이 '범죄'라는 단어를 들으면 나와는 아무 상관 없는 먼 이야기라고 생각해. 교도소에 가는 어른들 이야기, 뉴스에서나 볼 수 있는 사건 사고, 혹은 어른들끼리 싸울 때 등장하는 무거운 단어 같기도 하지. 그렇다 보니 범죄자라는 건 웹툰이나 드라마에나 등장하는 나쁜 인간이지, 내가 범죄자가 될 리는 없다고 생각할 거야. 그러나 살아가면서 우리는 나도 모르게 범죄를 저지를 수도 있고, 범죄를 당할 수도 있어. 범죄에 대해 "나는 몰랐어요"라고 주장해도 법정에서는 모르는 것 자체가 대부분 문제가 돼.

당장, 지금 이 순간 네가 들고 있는 스마트폰 안에도 범죄는 숨겨져 있어. 우리가 매일 접속하는 SNS, 게임, 채팅, 인터넷 쇼핑, 영상 플랫폼 등 이 모든 것 속에도 범죄와 법이 있어. 문제는 우리가 그걸 잘 모른 채 매일 스마트폰을 사용하며 살아간다는 거야. 그래서 무심코 한 행동이 누군가에겐 상처가 되고, 나에겐 '범죄 기록'이라는 무거운 짐이 될 수 있어. 혹은 나도 모르게 범죄의 피해자가 될 수도 있지.

예를 들어볼까? 좋아하는 예능 영상의 일부를 마음대로 편집해서 내 계정에 쇼츠나 릴스로 올렸다면? 그건 그냥 취미 생활이 아니라 저작권 침해 범죄가 될 수 있어.

친구의 얼굴 사진을 장난으로 이상한 배경에 합성해 SNS에 올렸다면? 그건 단순한 장난이 아니라 명예훼손이나 경우에 따라선 디지털 성범죄가 될 수도 있지.

"그냥 심부름만 했어요"라며 어른들이 시킨 대로 돈을 인출하거나 계좌를 빌려줬다면? 그건 보이스피싱 방조죄로, 엄청난 사기 범죄의 공범이 된 거야.

이 책은 그런 이야기들을 모았어. 실제로 청소년들이 겪을 수 있는 사건들을 바탕으로 "이건 왜 문제가 되는 걸까?", "어떤 법에 걸리는 걸까?", "어떤 처벌을 받게 될까?"를 하나하나 쉽고 친절하게 설명해 두었어. 또 리걸 마인드로 생각하는 방법을 알려 줄 거야. 리걸 마인드란 법적인 문제 상황을 해결할 때 필요한 사고의 과정을 말해. 복잡한 상황 속에서 핵심 쟁점을 파악하는 힘을 기르는 것으로, 이 책에서는 현실 속 다양한 잘못 행위를 법적으로 해석해 주면서 좀 더 자세히 이해할 수 있도록 했어.

사람은 누구나 실수할 수 있어. 어쩌면 아직 법을 잘 모르는 청소년 입장에서는 이 책에 나오는 누군가처럼 그저 "별일 아니겠지", "다들 하던데?", "그냥 장난이었는데…" 하는 마음으로 행동했을지도 몰라. 그런데 그런 순간들이 진짜로 범죄가 되기도 하고, 누군가의 인생을 바꿔 버릴 수도 있어.

이 책은 절대 겁을 주기 위해 쓰인 게 아니야. 오히려 우리 삶에 숨어 있는 법의 원칙들을 함께 알아보면서 조금 더 똑똑하고 따뜻한 사람이 되기 위한 길잡이가 되었으면 하는 마음으로 썼어. 법이 꼭 무섭기만 한 게 아니라 우리 모두를 더 든든하게 지켜주는 울타리이기도 하니까 말이야.

"몰랐어요"는 완벽한 변명이 될 수 없어. 하지만 "한 번쯤 고민해 봤어요"는 너를 지키는 힘이 돼. 이 책을 통해 그런 힘을 함께 키워 보자. 나 자신뿐만 아니라 주변 친구들이 범죄에 노출되면 알려 줄 수도 있겠지. 법은 나뿐만 아니라 우리 모두를 지키는 힘이자 무기이고 방패야. 이 책과 함께 네가 그 든든한 '무기이자 방패'를 가졌으면 좋겠어.

혹시라도 이 책을 읽으면서 '내가 예전에 했던 일도 혹시 문제가 있었던 걸까?'를 걱정하게 될 수도 있어. 괜찮아, 누구나 모를 때는 실수할 수 있어. 하지만 그다음이 더 중요하지. 법은 한 번의 실수를 평생 낙인찍는 도장이 아니라, 우리가 다시 배울 수 있도록 마련된 약속이기도 해.

그러니 이 책을 덮을 때쯤엔 조금 더 나를 지키고, 조금 더 남을 배려할 줄 아는 사람이 되어 있길 바랄게.

차례

성적표 좀
고친 게
범죄인가요?

**저작권법 위반,
문서 위조, 업무 방해**

포토샵으로 살짝만 바꾸는 건데 뭐~

성적 통지표

국어	3
영어	07
수학	2
과학	56

수행평가를 베껴서 제출하고
시험 시간에 커닝했는데도 성적이 좋지 않아서
일부 조작한 성적표를 부모님께 보여드렸는데,
큰 범죄인가요?

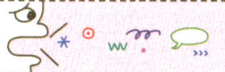 

국어 시간에 수행평가 과제가 하나 주어졌어. 방학 동안 좋아하는 책을 읽고 독서 감상문을 쓰는 것이었지. 성적이 계속 떨어지는 게 신경 쓰이던 민서는 수행평가를 준비하면서 고민에 빠졌어. 직접 쓰자니 무슨 책을 읽어야 할지도 모르겠고 글쓰기가 너무 어렵게 느껴졌거든.

'인터넷에 좋은 글 많잖아. 그냥 베껴서 내면 되지 않을까?'

그렇게 민서는 블로그에서 수행평가 주제와 비슷한 글을 찾아 적당히 바꿔서 제출했어. 선생님이 일일이 검색해서 확인할 리 없다고 생각했지.

몇 주 후에 중간고사가 시작되었는데, 민서는 시험 준비가 너무 부족했어. 선생님이 절대 못 볼 거라고 생각한 민서는 몰래 책상 밑에 메모를 해 두었지. 너무 떨렸지만 다행히 선생님한테 걸리지 않았어. 다음 시간엔 좀 더 대담해졌지. 핸드폰을 사용해 검색까지 했어. 감독 선생님이 돌아다니기 했지만 이번에도 걸리지 않았지.

'괜찮겠지.'

그로부터 며칠 뒤에 막상 성적표를 받아 보니 점수가 기대했던 것보다 훨씬 낮았어. 부모님께 혼날 생각을 하니 너무 두려웠지.

'이거 포토샵으로 살짝 바꿔서 보여드리면 모르시지 않을까? 친구들의 성적을 조작하는 것도 아니고, 내 성적표를 조작하는 건데 무슨 큰일이야 나겠어?'

민서는 성적표에서 점수를 수정하고, 프린터로 다시 출력해서 부모님께 드렸어. 부모님은 만족하며 칭찬까지 해 줬지.

하지만 며칠 후, 문제가 생겼어. 담임선생님이 부모님과 상담을 하면서 민서의 실제 성적을 알려 주신 거야. 부모님은 깜짝 놀라 민서를 불러 불같이 화를 내셨어. 결국 학교에도 알려지면서 문제가 되었지. 설상가상으로 민서가 수행평가를 인터넷에서 표절했다는 것, 그리고 시험 시간에 커닝했다는 것도 밝혀졌어.

수행평가를 온라인에서 베껴서 제출하거나, 시험 시간에 커닝하거나, 성적표를 조작하는 것이 나쁜 짓이고 옳지 않다는 건 대부분 잘 알 거야. 하지만 이게 범죄냐고 물으면 약간 아리송할 수도 있어. 범죄로까지 치부하기엔 가벼운 해프닝 정도로 생각하는 청소년들이 있거든. 민서처럼 부정행위가 적발되었을 경우, 기존의 성적을 0점 처리하는 벌을 받으면 된다고 단순하게 생각하지. 부모님께 고쳐서 드린 성적표는 혼나면 그만이라고 여기고 말이야. 정말 그럴까?

조금 베꼈을 뿐인데 저작권법 위반이라고요?

민서가 인터넷에 있는 글을 허락도 받지 않고 무단으로 복제한 행위 자체는 글 쓴 사람의 저작권을 침해한 행동이야. 타인의 글을 도둑질하여 그 사람의 중요한 권리를 침범한 범죄행위가 되는 거지. 저작권에 대해서는 case4에서 더 자세히 살펴볼 거야. 여기서는 그런 게 있다는 정도만 알아 두자.

  그렇다면 글 쓴 사람의 허락만 받으면 될까? 그렇진 않아. 복제하여 조금만 수정한 글을 학교에 제출하는 것 역시 또 다른 범죄가 될 수 있어. 바로 선생님과 학교의 업무를 방해한 범죄야. 함부로 타인의 업무, 즉 일을 방해할 경우 우리 법은 범죄로 규정하고 있어. 정확하게는 그냥 업무를 방해한 것이 아닌 폭행이나 협박을 하거나 속임수를 쓰는 등 부정적인 방법으로 누군가의 업무를 방해했을 때를 가리키지. 남의 글을 내 글인 것처럼 몰래 바꿔 제출하는 건 '속임수'를 써서 선생님의 평가와 채점 업무, 학교의 성적 관리 업무, 학사 업무 등을 방해한 것이라 볼 수 있어.

나아가 민서가 한 행동은 다른 친구들에게도 엄청나게 큰 피해를 줬어. 민서의 친구들은 성실하게 수행평가를 작성했다 해도 학생 실력으로는 인터넷에 있는 전문적인 글보다 부족할 수 있잖아. 그러면 대충 베껴 낸 민서가 열심히 노력한 다른 학생에 비해 더 좋은 성적을 얻고 더 좋은 대학에 갈 수도 있겠지.

커닝이 업무 방해라고요?

시험 커닝도 마찬가지야. 속임수를 써서 학교의 업무를 방해한 것이지. 못된 장난 등으로 다른 사람, 단체 또는 공무 수행 중인 자의 업무를 방해한 경우에도 처벌받을 수 있어. 민서의 행동은 단순히 좋은 성적을 얻느냐 마느냐를 넘어, 다른 친구의 미래를 좌지우지할 수도 있는 거야. 만약에 민서의 부정행위가 적발되지 않았다면, 그래서 성적이 변경되지 않았다면 민서 때문에 다른 친구들은 등수와 등급이 바뀔 수도 있었다는 걸 알아야 해. 그래서 커닝과 같은 부정행위가 발각되면 학교나 기관들은 내부 규정에 따라 시험 점수를 0점 처리하거나 시험장 퇴장, 재시험, 또는 일정 기간 동안 시험 자격을 박탈하는 등의 강력한 처벌을 하고 있지.

그런데 만약에 학교 시험이 아니라 공무원 시험이나 입사 시험이라면 어떨까? 누군가는 다른 사람의 커닝 때문에 억울하게 직장을 얻지 못하고 큰 손해를 볼 수도 있겠지. 그렇게 생각해 보면 이 문제가 간단치 않다는 걸 알 수 있어. 국가 고시나 자격증 시험에서 커닝하다가 발각되면 '위계에 의한 공무 집행 방해죄'가 성립해.

성적표 위조도 문서 위조라고요?

성적표를 위조한 건 어떨까? 이건 아무한테도 피해 주지 않은 일이니 괜찮을까?

우리 법은 누군가가 만든 문서를 함부로 위조하거나 조작하는 것도 범죄로 보고 있어. 당연히 다른 사람의 주민등록증이나 운전면허증, 여권 같은 신분증의 사진과 이름을 함부로 바꾸어 위조하면 큰 문제가 되겠지? 만약 범죄자가 나인 척 행세하며 위조한 문서로 큰돈을 빌리거나 재산의 권리를 주장한다면 얼마나 큰 피해를 입겠어. 이처럼 문서 위조는 매우 심각한 범죄로 이어질 수 있기 때문에 중대한 범죄 행위로 취급되고 있는 거야.

만약에 민서가 위조한 성적표를 그냥 부모님께 보여 준 게 아니라 대학교에 제출했다면 어떨까? 혹은 엄격하게 성적을 따져 성적순으로 반을 나누는 학원에 제출했다면? 대학교나 학원에 지원한 다른 학생에게 피해를 주는 건 물론이고, 성적 높은 학생을 뽑고 싶어 하는 대학교나 성적 높은 학생들로 반을 만들고 싶어 하는 학원의 일을 방해한 셈이지.

학력 위조는 매우 중대한 범죄 중 하나야. 진학, 취업, 승진 등 개인의 이익을 위해 사용할 경우엔 더욱 심각한 법적 책임을 져야 할 수도 있지. 결국 많은 사람들이 피해를 입을 수 있는 행동이라는 뜻이야. 그래서 애초에 위조 자체를 범죄 행위로 규정하고 있으니, 장난으로라도 절대 해서는 안 되겠지.

결국, 민서는 성적 걱정 때문에 범죄를 세 종류나 저질렀어.

타인의 글을 함부로 복제하는 행위는 저작권법 위반죄로 최대 징역 5년이나 벌금 5천만 원까지의 처벌을 받을 수 있지. 무단으로 복제한 과제를 제출하거나 시험 중 커닝을 하는 행위는 위계에 의한 업무방해죄로 역시 최대 징역 5년이나 벌금 1천 500만 원까지 처벌을 받을 수 있어. 성적표를 위조하는 행위 자체는 문서 위조죄가 되어 역시 최대 징역 5년이나 벌금 1천만 원까지 처벌을 받을 수 있지.

형법 제314조(업무방해)

① 제313조의 방법 또는 위력으로써 사람의 업무를 방해한 자는 5년 이하의 징역 또는 1천500만 원 이하의 벌금에 처한다.

② 컴퓨터 등 정보처리장치 또는 전자기록 등 특수매체기록을 손괴하거나 정보처리장치에 허위의 정보 또는 부정한 명령을 입력하거나 기타 방법으로 정보처리에 장애를 발생하게 하여 사람의 업무를 방해한 자도 제1항의 형과 같다.

형법 제231조(사문서등의 위조·변조) 행사할 목적으로 권리·의무 또는 사실 증명에 관한 타인의 문서 또는 도화를 위조 또는 변조한 자는 5년 이하의 징역 또는 1천만 원 이하의 벌금에 처한다.

민서의 행동들은 단순한 교칙 위반으로 성적 0점 처리 등 징계로 끝날 수도 있겠지만, 경우에 따라서는 학교로부터 고소를 당해 범죄자가 되어도 할 말이 없어. 그러니 이러한 행위를 하지 않도록 경각심을 가져야 해.

하나 더
체크하기!

학교 시험 문제를 학원 등에 유출하는 건 괜찮을까?

종종 학교 시험 문제를 학원에 몰래 갖다주는 식으로 시험 문제가 유출되는 경우들이 생기곤 해. 이미 끝난 시험이니까 아무 문제 없는 걸까? 그러나 이 경우에도 학교에서 문제은행식으로 문제를 다음 해에 또 출제할 가능성이 있다면 업무 방해가 될 수 있어.

무엇보다도 시험 문제는 엄연히 저작권이 있는 저작물이야. 출제자가 시험 문제를 만들면 출제자에게, 또는 학교나 국공립 학교면 해당 지방자치단체 등에 저작권이 있어. 타인의 저작물을 함부로 유출하는 것 자체가 저작권법 위반 행위인 거지. 그러니 학교 시험 문제를 외부로 유출하여 제공하거나 배포하는 행위는 하지 않는 게 좋아.

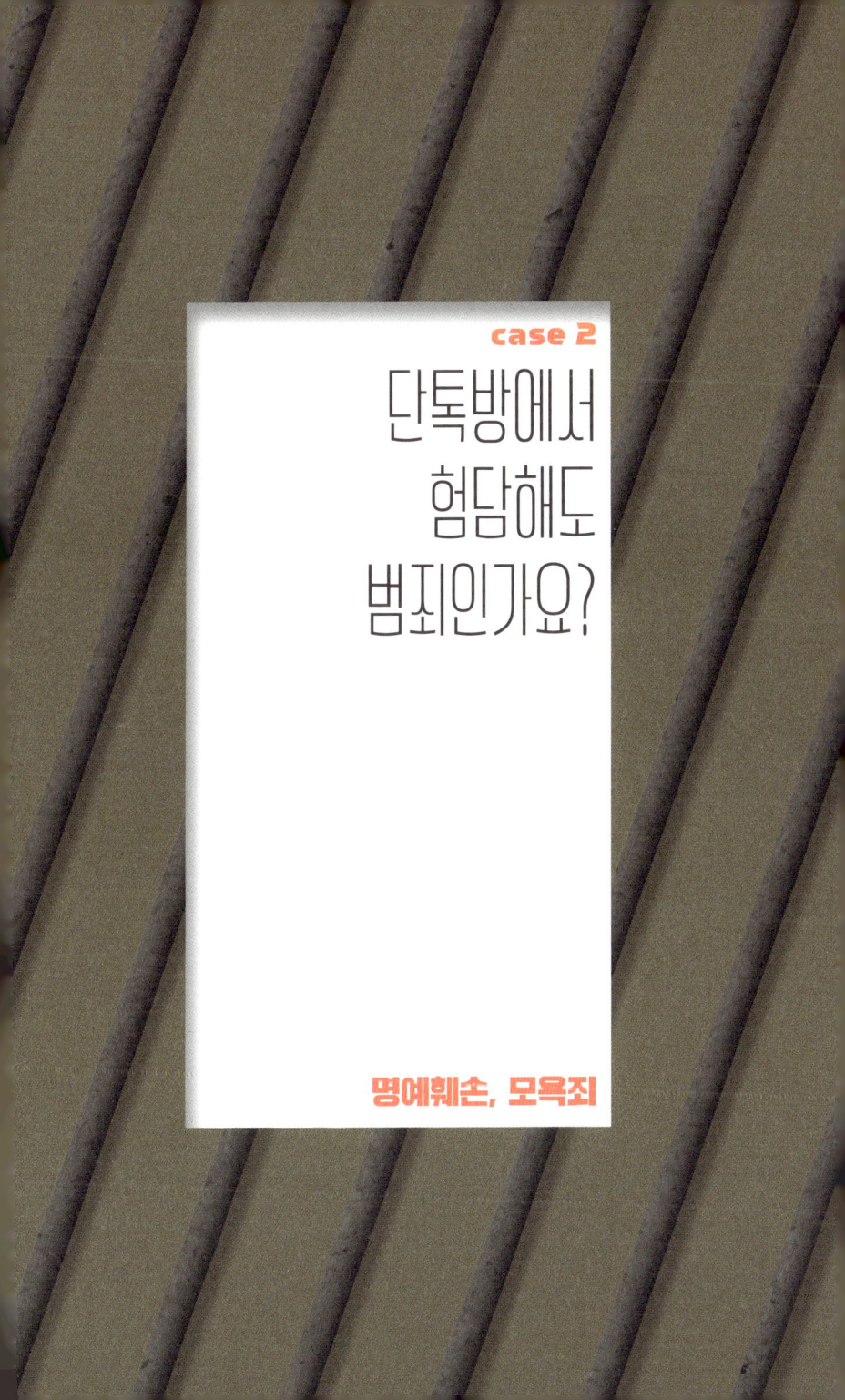

case 2

단톡방에서
험담해도
범죄인가요?

명예훼손, 모욕죄

친구들끼리 만든 단톡방에서 단톡방에 없는
다른 친구를 욕하는 내용을 올렸어요.
친구들끼리만 보는 단톡방인데도 문제가 되나요?

어느 날, 효민이는 친구 네 명에서 만든 단톡방에서 이야기를 나누고 있었어. 서로 좋아하는 연예인 기사도 올리고, 재미있는 이미지나 유튜브 링크도 공유하고 있었지. 그러다가 갑자기 예은이가 단톡방에 없는 지선이 이야기를 꺼냈어.

예은 그런데 지선이 걔, 어제 진짜 거지 같은 옷 입고 왔더라.

그러자 다른 친구들도 맞장구치기 시작했어.

유리 맞아, 걔 원래도 좀 찐따처럼 하고 다니잖아. 어제는 진짜 못 봐 주겠던데.
민지 나도 걔 좀 냄새나는 생쥐 같더라ㅋㅋ 하여튼 별로야.

사실 효민이는 다른 친구들처럼 지선이에 대해 나쁜 생각을 가진 건 아니었지만, 그날따라 자기만 가만히 있으면 안 될 것 같았어. 혼자만 지선이 욕을 안했다가는 왠지 다른 친구들 사이에서 소외될 것만 같았거든. 그래서 자기도 모르게 지선이에 대한 욕을 함께하기 시작했지.

효민 맞아, 예전에 지선이랑 이야기한 적 있는데 걔는 밤에 머리도 안 감고 잔다고 그러더라. 일주일에 한 번만 감는대나.

효민이는 지선이와 그런 이야기를 한 적이 없지만 친구들이 깔깔거리며 웃는 반응이 좋아서 거짓말까지 했어. 어차피 이런 이야기를 나눈다고 해서 지선이 귀에 들어갈 일도 없고, 절친 네 명만 있는 단톡방에서 하는 이야기니 다른 소문이 날 리도 없다고 믿었지.

그런데 문제는 다음 날에 일어났어. 단톡방 멤버였던 유리의 옆자리 친구인 혜진이가 우연히 그 단톡방을 보게 된 거야. 혜진이는 지선이랑 제법 친했기 때문에 대화 내용을 보고 깜짝 놀라서 그 사실을 지선이한테 알려 주었어.

지선이는 너무 부끄럽기도 하고 화가 나서 그 이야기를 엄마한테 털어놓았지. 그러자 지선이 엄마는 이 문제를 그냥 넘어가지 않겠다고 생각했어.

누구나 한 번쯤은 해 보았을 단톡방에서의 흉보기. 이런 경우엔 어떻게 될까? 효민이와 친구들은 그냥 혼나고 끝이 날까? 아니면 혹시 범죄를 저지른 건 아닐까?

친구들끼리 단톡방이 아니더라도 모여서 다른 누군가에 대한 이야기는 할 수 있어. 때로는 거짓인 걸 알면서도 누군가를 조롱하기도 하고, 뒤에서 몰래 욕하는 경우도 있지(그렇다고 이러한 행동이 잘했다는 의미는 아니야). 어차피 새어 나가지 않을 거라 믿고 친구들끼리 하는 이야기인데 그게 범죄라는 생각은 안 해 봤을 거야.

어떻게 보면 내 일기장에 누구의 욕을 쓰는 거랑 비슷하다고도 느껴지지. '누구나 생각은 자유니까 그걸 가장 친한 사람한테 말하거나 일기에 쓰는 건 내 마음 아니야?'라고 생각할 수도 있어.

혹은 '우연히 혜진이가 단톡방을 봐서 문제가 된 거지, 혜진이가 단톡방을 보지 않았다면 아무 일도 안 일어났을 테고 지선이도 기분 나쁠 일조차 없었을 텐데, 훔쳐본 혜진이가 나쁜 거 아니야?'라고 말하고 싶을지도 몰라.

아마도 친구들끼리 친구나 선생님을 욕한 경험이 한 번쯤은 있을 것 같아. 하지만 범죄라고 생각해 본 적은 없겠지. 범죄라는 건 누구 물건을 훔치거나 때리는 것이지, 남몰래 욕하는 게 감옥 갈 만큼의 '범죄'는 아니라고 생각할 테니까.

그렇다면 법은 어떻게 되어 있는지 살펴볼까? 법이 우리의 생각과 다를 때가 은근히 많거든. 그 말은, 나도 모르는 사이에 내가 그 '죄수복을 입고 감옥에 가는 범죄자'가 될지도 모른다는 거야!

모욕죄와 명예훼손죄가 뭔데요?

결론부터 말하면, 효민이와 친구들이 지선이를 욕한 것은 명예훼손죄와 모욕죄에 해당된단다. 중요한 건 왜 범죄인지 그 이유를 분명하게 아는 거겠지. 그래야 똑같은 잘못을 반복하지 않을 테니까 말이야.

범죄는 여러 개의 요건(조건)으로 구성되어 있는데, 그 요건이 모두 충족되어야 범죄로 볼 수 있어. 예를 들어, 절도죄는 ① 내가 무언가를 훔칠 것(절취 행위) ② 실수로 훔친 게 아니라 내가 가지려고 일부러 훔칠 것(고의, 불법 영득 의사) ③ 훔친 게 다른 사람의 재물일 것이라는 세 가지의 요건이 모두 있어야 인정되는 거야.

만약에 내가 친구 것이라 생각하고 훔친 볼펜이 알고 봤더니 내가 빌려줬던 볼펜이면 어떨까? ③번 요건이 없는 것이기 때문에 절도죄는 아니야. 내가 내 볼펜을 훔친 거니 '다른 사람의 재물일 것'이라는 요건이 충족되지 않지.

마찬가지로 명예훼손죄와 모욕죄가 인정되려면 반드시 필요한 요건이 있는데, 둘 다 '특정성'과 '공연성'이라는 요건이 필요해.

특정성이란 내가 욕한 게 누구인지 알 수 있는 상태, 즉 그 사람이라는 걸 '특정'할 수 있는 상태를 의미해. 만약에 "전에 길에서 봤던 어떤 사람이 진짜 이상했어"라고 말했다고 해보자. 그 사람이 누군지 알 수 없잖아? 그러면 특정성이 없는 거야. 그러나 효민이와 친구들은 '지선이'라는 걸 콕 집어서 말했기 때문에 이 사건에는 특정성이 있어.

공연성이란 내가 욕한 걸 마치 공연하듯이 누군가가 들었거나 들을 수 있는 상태라는 걸 의미해. 만약 내가 혼자서 아무도 못 듣는 방 안에서 누군가의 욕을 한다면 이때는 명예훼손죄나 모욕죄가 성립될 수 없어. 죄가 되려면 한 명이라도 내가 누군가를 욕하는 걸 들은 사람이 필요해. 이 사건은 다른 친구들이 듣는 단톡방에서 말했으니 공연성이 있어.

명예훼손죄와 모욕죄는 다른 사람에 대해 '나쁜 말'을 하는 행위라는 점에서 비슷해 보이지만, 법적 요건과 처벌에는 조금 차이가 있어. 법 처벌의 수위도 마찬가지야. 자세히 설명해 줄 테니 들어봐.

일단 명예훼손죄는 '공연성'과 '특정성' 외에 '구체적 사실을 적어야 한다'라는 요건이 갖춰져야 성립해. 즉, 남들에게 누군 가의 '사실'을 이야기해서 명예를 훼손하는 행위를 말하지. 예를 들어, 단순히 "누군가의 말이 틀린 것 같다"라고 이야기하는 건 '의견'이라서 '사실'이 아니야. 그런데 "누군가가 어젯밤에 몰래 자동차를 부수는 걸 봤다"고 말하는 건 '사실'이어서 명예 훼손죄가 될 수 있어.

그리고 이런 '사실'은 다시 '진짜 사실'이랑 '가짜 사실'로 나뉘어져. 만약 어젯밤에 누군가 몰래 자동차를 부수는 걸 본 적이 없는데도 봤다고 말했다면 가짜 사실이니까 이땐 훨씬 심한 죄를 저지른 셈이지. 근데 그게 진짜 사실이어도 동네방네 소문내고 다니면 명예훼손죄가 될 수 있어. 단, 그 사람에 대한 진짜 사실이든 가짜 사실이든 그 사람의 명예를 훼손할 만한 이야기여야겠지. '명예를 훼손한다'는 말은 다른 사람들이 그 사람을 나쁘게 보게 만든다(사회적인 평가를 낮춘다)는 뜻이야.

예를 들어, "저 사람은 범죄자예요"라고 말하면 그게 진짜든 거짓이든 듣는 사람은 "저 사람 이상하네"라고 생각하게 돼. 그러면 그 사람에 대한 평판이 나빠지지. 반면 그 사람이 범죄자라는 말이 '거짓말'이라고 해 보자. 그래도 사람들은 그 말이 거짓말인 줄 모르고 그 사람을 범죄자라고 생각할 수 있어. 그러면 역시 그 사람에 대해 안 좋게 생각하겠지. 결국 두 경우 모두 그 사람에 대한 '사회적 평판을 떨어뜨리는 행위', 즉 '명예를 훼손'한 행위가 된 거야.

그와 반대로 모욕죄는 사실(진짜 사실이든 가짜 사실이든)인지 의견인지가 중요하지 않아. 모욕은 '욕설'처럼 상대방을 무시하거나 경멸, 비하하는 표현을 사용하면 성립돼. 꼭 말뿐만 아니라 문자, 행동에 의해서도 성립될 수 있어. 손가락 욕을 한 경우에도 모욕죄에 해당할 수 있지. 유리가 '찐따' 같다고 말하거나 '냄새나는 생쥐' 같다고 말하는 게 '사실'이 아니어도 모두 비하적인 발언이기 때문에 모욕죄로 처벌받을 수 있는 거야. "그건 내 생각일 뿐이에요, 의견일 뿐이에요"라고 해도 소용없어. 타인에 대해 모욕적인 언행을 했으면 그 자체로 처벌될 수 있어.

적용법	명예훼손죄		모욕죄
	사실 적시	허위 사실 적시	
사실 여부	진짜 사실	가짜 사실	무관
요건	• 공연성 • 특정성 • 사실 적시 • 타인의 명예훼손	• 공연성 • 특정성 • 허위 사실 적시 • 타인의 명예훼손	• 공연성 • 특정성 • 타인에 대한 모욕적인 표현

인터넷 명예훼손, 사이버 범죄일까?

문자 메시지나 단체 채팅방 등은 모두 '사이버 범죄'의 특성을 갖고 있어. 사이버 범죄란 온라인의 사이버 공간을 이용해 범죄를 저지르는 행위를 말해. 최근 사이버 범죄 유형별 발생 비율을 살펴보면, 사이버 사기의 비율이 가장 높지만 사이버 명예훼손과 모욕도 꽤 높은 비율을 차지하고 있어.

인터넷 명예훼손은 보통 명예훼손과 다른 점이 있어. 만약에 친구들끼리 타인에 대한 명예훼손적인 이야기를 주고받았다면 일반적인 명예훼손죄가 적용되는 상황이야. 그럴 때는 명예훼손적인 이야기를 주고받은 것만으로도 처벌을 받을 수 있어. 그런데 온라인 채팅방이나 사이트 등에 문자 메시지를 적은 내용이나 글을 캡처해서 올린다면 '비방할 목적'을 따져 본다.

즉, 사이버 명예훼손죄는 '비방할 목적'이 있어야만 범죄로 인정돼. 우리는 종종 인터넷의 개인 블로그 등에 누군가를 비방할 목적은 없었더라도 무심코 다른 사람에 대한 이야기를 쓰기도 해. 이 경우에는 비방할 목적은 없었다고 보지.

그러나 이 사건에서는 누가 봐도 친구들이 지선이를 비방할 목적으로 이야기했다는 걸 알 수 있기 때문에 범죄가 성립돼.

최근 인터넷과 SNS의 발달로 누구나 자유롭게 의견을 표현할 수 있지만, 그로 인한 악성 댓글과 사이버 명예훼손 사건도 수없이 발생하고 있어. 나의 표현이 누군가의 명예를 훼손하거나 모욕하는 발언은 아닌지 조심해야 해. 모르고 저지른 행위도 충분히 범죄가 될 수 있으니까 말이야.

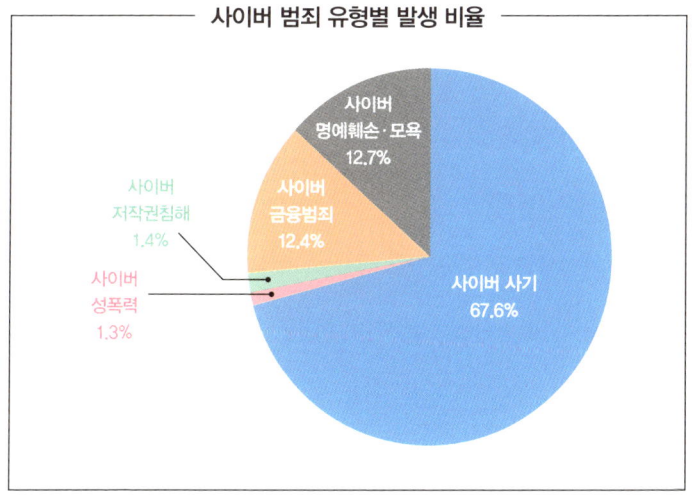

사이버 범죄 유형별 발생 비율

사이버
명예훼손·모욕
12.7%

사이버
금융범죄
12.4%

사이버
저작권침해
1.4%

사이버
성폭력
1.3%

사이버 사기
67.6%

결론적으로 보면, "거지 같은 옷 입고 왔더라"라고 말한 예은이와 "찐따처럼 하고 다니잖아"라고 말한 유리, "냄새나는 생쥐 같더라"라고 말한 민지까지 모두 모욕죄에 해당해. 거기에 덩달아서 "지선이랑 이야기한 적 있는데 개는 밤에 머리도 안 감고 잔다고 그러더라"라고 거짓말을 한 효민이는 허위 사실 적시로 인한 사이버 명예훼손죄에 해당하지.

[형법 제311조(모욕)] 공연히 사람을 모욕한 자는 1년 이하의 징역이나 금고 또는 200만 원 이하의 벌금에 처한다.

[정보통신망이용촉진및정보보호등에관한법률 제70조 제2항에 의한 명예훼손죄]

② 사람을 비방할 목적으로 정보통신망을 통하여 공공연하게 거짓의 사실을 드러내어 다른 사람의 명예를 훼손한 자는 7년 이하의 징역, 10년 이하의 자격 정지 또는 5천만 원 이하의 벌금에 처한다.

모욕죄는 최대 징역 1년 또는 벌금 200만 원까지, 허위 사실을 적시한 사이버 명예훼손죄는 최대 징역 7년 또는 벌금 5천만 원까지 받을 수 있어. 친구들이 욕하는 분위기에 휩쓸려 거짓을 꾸며 낸 효민이가 정작 제일 큰 형벌을 받을 수도 있는 거지.

학교생활을 하다 보면 괜히 누가 미워지거나 싫어질 수는 있어. 하지만 없는 사실을 꾸며내 다른 친구를 모함하거나 너무 심한 뒷담화를 하는 행위 등은 단순히 혼나고 끝날 일이 아니라 정말 감옥에도 갈 수 있는 범죄라는 걸 꼭 기억해 둬!

하나 더
체크하기!

다른 휴대폰에 있는 문자 메시지를 몰래 봐도 될까?

앞의 사례에서 혜진이는 유리의 휴대폰에서 단톡방을 몰래 보고 그 내용을 지선이에게 알려 주었지. 그냥 그 내용을 말로 전달했을 수도 있고, 증거를 확보하려고 카메라로 단톡방 사진을 찍어서 전해 줬을 수도 있지. 이렇게 다른 사람의 휴대폰에 온 메시지를 저장해서 다른 사람에게 함부로 건네줘도 될까?

사실 이러한 행동 또한 정보통신망법상 타인의 비밀을 침해하거나 누설한 것이 될 수 있어. 이 경우도 심각한 범죄라고 봐. 요즘에는 친구들끼리 서로의 휴대폰을 몰래 훔쳐 보기도 하는데, 그것 자체도 범죄로 이어질 수 있는 거야.

그러니 만약 다른 사람이 잘못한 걸 알게 되었다면 섣불리 그 사람의 휴대폰을 뒤지기보다는 스스로 잘못을 말하게끔 하는 편이 나아. 잘못을 자백받고 사과를 듣는 게 가장 좋지. 다른 사람의 잘못을 알리려다가 나 또한 범죄를 저지를 수도 있다는 걸 유의하도록 하자.

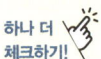 하나 더 체크하기!

타인의 사진을 허락 없이 찍고 합성해서 SNS에 올려도 될까?

요즘에는 스마트폰을 가지고 있는 친구들이 많다 보니 서로 사진을 공유하는 일들도 잦아졌지. 대부분은 연예인이나 친구들의 사진이겠지만 간혹 허락 없이 선생님이나 잘 모르는 사람의 사진을 서로 보내기도 해. 이렇게 타인의 사진을 마음대로 공유하는 것은 그 자체로 법적 문제가 될 수 있지만 범죄라고 할 정도는 아닌 경우도 있어. 그러나 타인의 사진을 공유할 때 그 사람에 대한 모욕적인 발언을 하거나 명예를 훼손하면 심각한 범죄가 될 수 있지.

특히 타인의 사진을 우습게 합성해서 공유하고 서로 조롱하는 이야기를 나눴다면 모욕죄나 사이버 명예훼손죄가 되어 심각한 처벌을 받을 수 있어. 법 앞에서는 "잘 모르고 재미로 했어요, 한 번만 봐 주세요"가 소용없는 경우가 많아. 그러니까 타인에 대한 말은 물론이고 타인의 사진을 이용할 때도 그 사람의 인격이나 자존심 등을 훼손하지 않기 위해 올바르게, 필요한 만큼만 사용하도록 하자.

case 3

다른 사람인 척하는 것도 범죄인가요?

스토킹처벌법 최신 개정

★ 이재민

❤ 오늘도 잘생겼네
😀 ❤❤❤❤❤
😊 운동도 열심히 하다니 대단하다!
🤓 댓글댓글댓글...
😄 댓글댓글댓글...
....

오늘도 학교 끝나고 운동 가는 중
❤479 💬108

장난으로 친구의 얼굴을 몰래 합성해서
SNS에 올리기도 하고,
친구인 척하면서 SNS 계정을 만들어 활동했는데요.
이런 것도 범죄가 되나요?

재민이는 재미 삼아 SNS를 만들기로 했어. 그런데 자기 사진을 올리자니 부끄럽고, 얼굴 사진도 없이 SNS를 하자니 별로 인기가 없을 것 같았지. 그래서 예전에 휴대폰에 저장했던 잘생긴 친구 철민이의 사진을 이용해 SNS를 해 보기로 했어. 철민이가 알면 화내긴 하겠지만 자기가 한 것인 줄은 모를 테고, 정 싫어하면 그때 가서 지우면 그만이라고 생각했지.

처음 SNS를 만들고 해시태그를 달면서 피드를 올리다 보니 조금씩 팔로워들이 생겼어. 재민이는 점점 팔로워와 '좋아요' 수가 늘어나자 조금씩 과감한 일들을 해 보기 시작했지. 철민이 사진을 각종 어플을 통해 독특하게 꾸미거나 우스꽝스럽게 합성해서 팔로워들을 향해 엽기적인 행동을 하는 사진을 올리는 식으로 말이야.

그렇게 재민이의 SNS는 팔로워가 점점 늘어났어. 그러던 어느 날, 학교 친구인 규환이가 이 SNS를 보고 말았어. 규환이는 곧바로 철민이에게 이 사실을 알렸지. 철민이는 무척 화가 났어. 누가 한 짓인지 알아내기 위해 재민이의 SNS를 열심히 들여다봤어. 그러다가 재민이가 철민이와 함께 찍은 셀카가 재민이의 얼굴만 가려진 채로 올라간 걸 알게 됐지. 이 사진을 갖고 있는 건 재민이뿐이니, 재민이가 범인이라는 게 확실해졌어.

철민이가 만약 경찰에 이 사실을 신고한다면 재민이는 범죄자가 될까? 아니면 그냥 친구끼리의 장난이니까 범죄는 아니라고 봐줄까?

리걸 마인드

생각해 보면, 철민이가 이번 사건으로 크게 피해를 본 건 없는 것 같기도 해. 기분이 좀 나빴을 수는 있지만, 돈을 빼앗기거나 몸을 다친 것도 아니고 엄청난 비난을 받아서 정신적으로 힘든 건 아니니까 별일 아닌 것 같기도 하지.

그런데 비슷하지만 조금 다른 상황을 생각해 보면 어떨까? 예를 들어, 철민이의 사진을 보고 욕하는 댓글이 잔뜩 달렸을 수도 있지. 그랬다면 철민이는 아주 큰 충격을 받을 거야. 만약 철민이의 얼굴과 이상한 몸 사진을 합성해서 올렸다면 성희롱

다른 사람인 척하는 것도 범죄인가요?

의 대상이 되기도 해. 그런 여러 상황을 생각해 보면 남의 사진을 함부로 SNS에 올리거나 내가 '그 사람'인 척하는 게 얼마나 무서운 일인지 알 수 있어.

누군가가 나인 척 SNS에서 활동하며 온갖 이상한 이야기를 한다고 생각해 봐. 정말 소름 끼치지? 게다가 음란물을 올리는 것과 같은 범죄를 저지른다면 엄청나게 심각한 사건이 될 거야.

스토킹 범죄가 뭔데요?

'스토킹'이라는 말을 다들 들어 봤을 거야. 보통은 어떤 사람을 몰래 쫓아다니는 일을 의미하지. 더 자세히 설명하면, 스토킹 행위란 상대방의 의사에 반하여 정당한 이유 없이 상대방 또는 그의 동거인, 가족에 대하여 다음의 어느 하나에 해당하는 행위를 하여 상대방에게 불안감 또는 공포심을 일으키는 것을 말해.

1. 상대방 또는 그의 동거인, 가족(이하 상대방 등)에게 접근하거나 따라다니거나 진로를 막아서는 행위

2. 상대방 등의 주거, 직장, 학교, 그 밖에 일상적으로 생활하는 장소(이하 주거 등) 또는 그 부근에서 기다리거나 지켜보는 행위

3. 상대방 등에게 우편·전화·팩스 또는 정보통신망을 이용하여 물

건이나 글·말·부호·음향·그림·영상·화상을 상대방 등에게 나타나게 하는 행위

4. 상대방 등에게 직접 또는 제3자를 통하여 물건 등을 도달하게 하거나 주거 등 또는 그 부근에 물건 등을 두는 행위

5. 상대방 등의 주거 등 또는 그 부근에 놓여 있는 물건 등을 훼손하는 행위

6. 온라인 스토킹 행위(개정 내용)

 - 개인 정보, 개인 위치 정보 또는 두 가지를 편집·합성 또는 가공한 정보를 정보통신망을 이용하여 제3자에게 제공하거나 배포 또는 게시하는 행위

 - 정보통신망을 통하여 상대방 등의 이름, 명칭, 사진, 영상 또는 신분에 관한 정보를 이용하여 자신이 상대방 등인 것처럼 가장하는 행위

 - 정보통신망을 통하여 글, 말, 부호, 음향, 그림, 영상, 화상이 상대방 등에게 나타나게 하는 행위

위의 이러한 행동을 지속적 또는 반복적으로 하는 것을 스토킹 범죄라고 해. 상대방이 싫어하는데도 계속 쫓아다니거나 그 사람의 집 주변에 서성거리면서 불안하게 하거나 공포스럽게

만들면 스토킹 범죄야. 문자 메시지 받기를 싫어하는 사람한테 계속 문자 메시지를 보내서 불안하게 만든다면 이것도 스토킹 범죄고.

이 사건처럼 다른 사람의 이름이나 사진, 영상 같은 정보를 이용해서 그 사람인 것처럼 온라인에서 가장하는 것도 바로 스토킹 범죄야. 그 외에도 다른 사람이 원하지도 않는데 그 사람의 이름이나 사진 같은 정보를 내 SNS에 마음대로 계속 올리잖아? 이러한 경우에도 그 사람이 나의 그런 행동 때문에 불안해하거나 공포스러워할 만하다면 역시 스토킹 범죄가 돼.

괴롭히려는 의도가 없어도 스토킹인가요?

최근 청소년 스토킹 문제는 온라인상에서 벌어지는 경우가 많아. 실제 접촉이 없었다고 해도 괴롭힘의 강도에 따라 실형으로 이어질 수도 있기 때문에 정말 주의해야 하지.

스토킹 범죄에서 하나 생각할 점은 그냥 쫓아다니거나 다른 사람의 사진을 내 SNS에 올린 것만으로는 범죄까지 되진 않는다는 사실이야. 거기에 몇 개의 요건이 더 필요해. 가장 중요한 것 두 가지는 '지속적 또는 반복적'으로 그런 일을 하는 것과 '불안감 또는 공포심'을 불러일으킬 만한 행동이어야 한다는 거야.

이 사건에서 재민이는 철민이의 사진 여러 장을 지속적, 반복적으로 올렸으니까 여기에는 해당이 돼. 그럼 다음으로 고려해야 할 것은 철민이가 불안감 또는 공포심을 느낄 만한 행동이 있었는가야. 현재 상황으로 볼 땐 철민이가 그렇게 느낄 상황까지는 아니라고 생각할 수도 있을 거야. 하지만 앞에서도 살펴봤듯이 나도 모르게 누군가가 내 사진을 이용해서 SNS를 하고 있다면 충분히 불안하거나 공포심을 느낄 수 있지. 그러니까 중요한 건 철민이가 진짜 불안했는지, 공포심을 느꼈는지가 아니야. 일반적으로 볼 때 불안하거나 공포심을 느낄 만한 행동이면 스토킹 범죄에 해당한단다.

'내가 모르는 사람에게 그와 같은 상황을 당했다면 어떨까?' 하고 생각해 봐. 똑같은 짓을 당해도 누군가는 별 느낌이 없을 수도 있지만, 누군가는 죽고 싶을 만큼 불안하거나 괴로울 수 있어. 그런데 피해자가 공포심을 덜 느끼거나 더 느낀다고 해서 누군가는 처벌하지 않고 누군가는 처벌할 수는 없지. 그래서 재민이가 한 행동은 일반적으로나 상식적으로 봤을 때 '불안감이나 공포심'을 불러일으킬 만하니 범죄가 될 수 있는 거야.

결론 어떤 처벌을 받나요?

재민이는 다른 사람의 이름이나 사진, 영상 같은 정보를 반복적, 지속적으로 이용해서 그 사람인 것처럼 온라인에서 가장했고, 그 사람에게 불안감이나 공포심을 불러일으킬 만한 행동을 저질렀어. 이 경우 스토킹 범죄이기 때문에 최대 3년 이하의 징역 또는 3천만 원 이하의 벌금을 받을 수 있어.

스토킹범죄의 처벌 등에 관한 법률 제18조(스토킹범죄)

① 스토킹범죄를 저지른 사람은 3년 이하의 징역 또는 3천만 원 이하의 벌금에 처한다.

② 흉기 또는 그 밖의 위험한 물건을 휴대하거나 이용하여 스토킹범죄를 저지른 사람은 5년 이하의 징역 또는 5천만 원 이하의 벌금에 처한다.

요즘에는 사진 합성이나 영상 게시가 무척 쉬워졌어. 예전보다 범죄를 저지르기가 쉬워진 거야. 그러나 재미 삼아, 장난 삼아 한 일들이 실제로 남의 물건을 훔치거나 누군가를 때린 것보다 더 심각한 범죄가 될 수도 있어. "괴롭힐 생각은 없었다"면서 변명한다고 해서 선처받을 수 있는 죄가 아니야. 그러니까 사소한 행동도 조심하면서 다른 사람을 불안하게 할 수 있는 일들은 자제해야 한다는 걸 꼭 명심해 두자.

하나 더
체크하기!

좋아하는 사람에게 밤새 전화하거나 문자를 잔뜩 보내도 될까?

청소년기에는 조금씩 이성에 눈을 뜨면서 좋아하는 사람도 생겨. 연애하고 헤어지기도 해. 살아가면서 누구나 겪는 일이지. 그런데 사랑에 빠지면 감정 조절이 잘 안 되다 보니 헤어진 사람에게 엄청나게 많은 문자를 보내거나, 다시 만나자며 수십 통의 전화를 거는 경우가 있어. 내가 그 사람을 신체적으로 해친 것도 아니고 그냥 좋아해서 내 말 좀 들어달라고 했을 뿐이니 이런 건 범죄가 되지 않을 거라고 생각하기도 해. 그러나 그런 요구가 계속해서 반복되고 상대방이 불안감이나 공포심을 느낄 정도가 되면 이 또한 스토킹 범죄야. 나의 감정만큼 상대방의 감정도 소중하다는 걸 알아야겠지.

상대가 싫어한다면 마음을 단념할 줄도 알아야 해. 그렇지 않으면 우리는 범죄자가 되어 감옥에 갈지도 몰라.

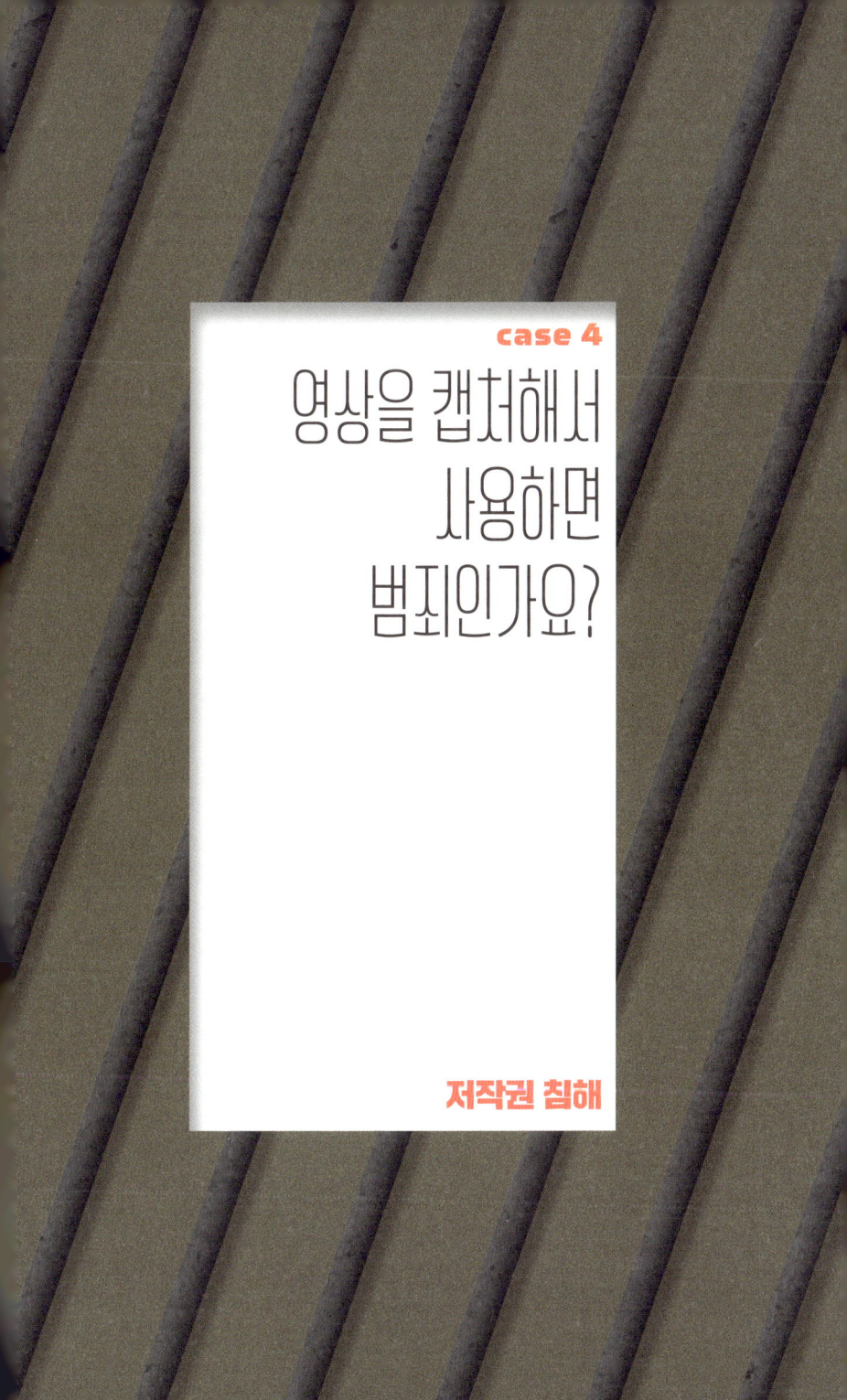

case 4

영상을 캡처해서
사용하면
범죄인가요?

저작권 침해

지민 30만

120만

노퀴즈 50만

예스파

조회수 완전 장난 아닌데? 나도 인플루언서 되는 거 아냐?

요즘 SNS에서 짧은 영상을 만드는 게 유행이라,
좋아하는 예능 프로그램을 영상 캡처해서
1분짜리 영상을 만들어 올렸어요. 이것도 범죄인가요?

예지는 집에서 쉴 때면 항상 SNS를 통해 짧은 영상을 봐. 영상 속에는 온갖 멋지고 아름답고 재밌고 웃긴 것들이 가득하지. 자기가 춤추는 모습을 찍어 올리거나, 카메라를 앞에 두고 웃긴 이야기를 풀어내는 사람들도 있어. 그중에는 유명한 뮤직비디오나 TV 예능 프로그램, 영화나 드라마 등의 일부분을 영상 캡처해서 만든 것들도 적지 않지.

예지도 SNS를 했지만 자기가 직접 영상을 찍어 올리기엔 부끄럽기도 하고 시간도 부족하다고 느꼈어. 그래서 유명한 영상들을 다운로드해서 1분짜리로 짧게 편집해 올리기 시작했지.

연예인들이 나오는 TV 예능 프로그램을 잘라서 영상을 만들고 자막까지 달았더니 확실히 조회수가 늘었어. 좋아하는 가수의 뮤직비디오도 마음껏 잘라내어 어플을 통해 근사하게 꾸며서 올렸지. 그러다 보니 몇몇 영상들의 조회수가 몇십만 회를 기록하면서 예지의 SNS 팔로워도 눈덩이처럼 불어났어. 예지는 잔뜩 신났지.

그러던 어느 날, 예지의 SNS에 DM으로 경고장이 날아왔어.

방송 프로그램을 만드는 미디어 회사였지. 당장 예지가 올린 영상을 삭제하지 않으면 고소하고 소송을 하겠다는 것이었어. 예지는 깜짝 놀랐지만 그냥 스팸 DM이라 생각하고 무시했지. '다른 사람들도 다 올리는데 왜 나만 안 되겠어?'라고 생각한 거야.

예지는 정말 영상을 그대로 올려 두어도 괜찮을까? 그 외에도 SNS에 영상 주인의 허락 없이 마음대로 편집해서 올라온 수많은 영상에는 문제가 없을까?

리걸 마인드

내가 한 일이 범죄인지 아닌지 확신이 서지 않을 때는 한번 거꾸로 생각해 보면 좋아. 흔히 '역지사지'라고 하지. 내가 열심히 영상을 만든 PD라고 가정해 보자. 나는 이 영상을 내 채널에도 올렸고 릴스나 쇼츠 같은 짧은 영상으로 만들어 계속 업로드할 예정이었어. 그런데 갑자기 내가 모르는 어떤 사람이 마음대로 내 영상을 잘라 붙여 영상을 만들어 올리더니, 자기 채널의 구독자를 모으고 조회수 대박을 터뜨려 돈을 벌고 있다고 해 보자.

원래 영상을 만든 나는 굉장히 억울하지 않을까? 내 영상이 공공재도 아니고 누군가 마음대로 사용해서 돈을 벌고 있다면 당연히 억울하고 화가 나겠지. 내가 그린 그림이든, 내가 쓴 글이든, 내가 만든 영상이든 모두 나의 피와 땀, 노력과 시간이 들여서 만들어 낸 나의 '자산'이니까 말이야.

저작권 침해가 뭔데요?

다른 사람이 내 영상을 가져간 것은 일종의 도둑질이라고도 볼 수 있어. 실제로 법에서도 타인의 창작물을 마음대로 이용한 것을 도둑질이라 보고 범죄로 규정하고 있지.

'저작권'이라는 말을 혹시 들어봤니? 책이나 그림, 음악처럼 다양한 작품들에 대해서 그 창작자가 가지는 권리를 말해. 창작자가 곧 저작권자라고 볼 수 있지(다만, 이 권리는 타인에게 건네줄 수도 있긴 해).

저작권은 법의 세계에서도 무척 독특한 권리야. 보통 법은 우리의 신체, 생명, 우리가 가지고 있는 물건이나 돈 같은 것들을 보호해 주고 있어. 그래서 누군가 우리 몸을 다치게 하거나 생명을 위협하면 벌을 주고, 돈이나 물건을 훔치거나 사기를 쳐서 빼앗아 가면 되돌려주도록 만들어져 있지. 그런데 저작권은 독특하게도 내가 열심히 창작한 행위를 존중하고 그러한 창작물을 보호해 주는 권리야.

내가 나만의 창의력과 독창성으로 시간과 노력을 기울여 멋진 창작품을 만들면, 창작자로서 내가 만든 창작물에 대한 권리를 갖도록 해 주는 거지. 참으로 멋진 권리야. 저작권 덕분에 창작자들은 안심하고 시간과 노력을 쏟아부어 세상에 멋진 작품들을 내놓을 수 있고, 그만큼 세상에는 의미 있는 작품들이 많아질 테니 말이야.

가령 길을 가다가 스마트폰으로 담벼락에 떨어진 단풍잎을 멋진 구도로 촬영하면 나는 그 사진에 대한 저작권을 가진 '저작권자'가 돼. 마찬가지로 내가 나름의 감성을 담은 글을 써서 블로그에 올리거나 근사한 풍경을 영상으로 찍어서 SNS에 올리면 나는 그 글과 영상의 '저작권자'인 거야. 이렇게 내가 만들어 낸 그림, 글, 영상 등에 대한 저작권은 창작자인 나에게 있어. 저작권은 '권리의 꽃다발'이라고 할 수 있단다. 저작권자는 꽃다발처럼 다양한 저작권을 가지게 되거든.

저작권의 꽃다발 속에는 이런 꽃들이 있어. 복제권, 배포권, 대여권, 공중송신권, 2차적저작물작성권 등이지. 내 창작물을 복사해서 사람들에게 나눠 줄 수 있는 권리도 저작권자인 나에게만 있어(복제권, 배포권). 내 작품을 누군가에게 빌려줄 권리도 내게만 있지(대여권). 인터넷에 올리거나 공유할 권리도 원래는 나에게만 있어(공중송신권). 내 작품을 수정하고 편집하여 제2의 다른 작품으로 다시 창작할 권리도 내게만 있는 저작권 중 하나야(2차적저작물작성권).

그래서 만약 다른 사람들이 내 작품을 이용해서 복제, 배포, 대여, 재창작, 공유 등을 하려면 원칙적으로 내게 허락을 받아야 해. 내가 다른 사람의 저작물을 이용할 때도 마찬가지지.

허락 없이 타인의 저작물을 이용하면 범죄가 될 수 있어. 이것을 저작권 침해죄라고 해. 저작권법에 따라 보호되는 권리를 침해한 것이니까 처벌받을 수밖에.

공유하지 않고 혼자 봐도 저작권 침해인가요?

저작권의 개념을 알게 된 많은 친구가 이렇게 묻기도 해. "제가 인터넷에서 받은 이미지를 그냥 제 핸드폰에 저장해서 보기만 했는데, 그건 괜찮은 거 아닌가요?" 혹은 "혼자 보려고 영화나 음악을 다운받았어요. 아무한테도 안 보여 줬는데 문제가 되나요?" 하고 말이야.

그럼 하나씩 일상에서 경험하기 쉬운 저작권 문제들을 얘기

해 줄게. 일단 다른 사람의 '저작물'이어도 그냥 '혼자' 볼 목적으로 휴대폰에 다운받는 것 정도는 허용될 수 있어. 이런 경우를 법적으로는 '사적 이용을 위한 복제'라고 해(저작권법 제30조). 예를 들어, 내가 개인적으로 이용하기 위해서 책을 복사해서 집 안에서 보는 정도는 허용해 준다는 것이지.

그러나 이 경우에도 유의해야 할 점은 혼자 보려고 다운로드한 타인의 작품을 친구들이 있는 단톡방에 공유하거나 SNS, 인터넷 등에 올리는 순간 다른 차원의 문제가 된다는 점이야. 그러면 이미 '사적 이용'을 넘어서 타인들과 공유한 것이 되어 불법이지. 그러니까 어디까지나 다운로드나 복사도 '혼자서' 보는 것까지만 가능하다는 점을 기억해야 해.

그런데 아무리 개인적인 이용이라 하더라도 주의해야 할 점은 또 있어. 처음부터 불법으로 공유된 영상 같은 불법 콘텐츠를 다운받아서는 안 된다는 점이야. 웹하드 등 여러 온라인 공유 사이트에는 애초에 저작권자가 공유를 허락하지 않은 '불법 영상'이 많아. 이런 영상들을 소장하는 것은 불법에 가담하는 행위가 되어 문제가 될 수 있으니, 애초에 다운로드조차 받지 않아야 해.

그 밖에도 인터넷에서 찾은 각종 사진이나 그림에도 보통 저작권자가 존재해. 그래서 다운로드해서 개인 소장하는 것까지는 가능하다고 해도, 이런 사진이나 그림을 숙제나 발표 등에 활용하면 역시 '개인적 이용'을 넘어 남들과 공유하는 것이 되어 불법이 될 수 있어. 그러니 인터넷에서 다운로드받을 수 있다고 해서 마냥 '안전한 콘텐츠'라고 믿지 말고, 개인 소장을 넘어서 활용할 때는 불법이 될 수 있다는 점을 꼭 기억해야 해.

결론 어떤 처벌을 받나요?

예지는 타인의 저작물인 영상을 허락도 없이 마음대로 이용해서 타인의 저작권을 침해한 범죄를 저지르게 되었어. 특히, 예지는 타인의 영상을 마음대로 수정해서 사용한 경우였지. 이 경우 허락없이 타인의 영상을 복제한 잘못(복제권 침해), 온라인으로 공유한 잘못(공중송신권 침해), 타인의 영상을 마음대로 수정하고 편집하여 새로운 영상을 만든 잘못(2차적저작물작성권 침해) 등을 한 것으로 처벌받을 수 있어.

　이렇게 저작권자의 허락 없이 타인의 저작물을 마음대로 이용하다가는 최대 징역 5년 또는 5천만 원의 벌금을 내야 할 수 있지. 생각보다 형벌이 강하지? 그만큼 법은 엄격하게 저작권을 보호하고 있어.

저작권법 제136조(벌칙)

① 다음 각 호의 어느 하나에 해당하는 자는 5년 이하의 징역 또는 5천만 원 이하의 벌금에 처하거나 이를 병과할 수 있다.

1. 저작재산권, 그 밖에 이 법에 따라 보호되는 재산적 권리(제93조에 따른 권리는 제외한다)를 복제, 공연, 공중송신, 전시, 배포, 대여, 2차적저작물 작성의 방법으로 침해한 자

그럼에도 SNS에는 타인의 저작권을 침해한 게시물이 넘쳐나고 있지. 사실은 상당수가 범죄를 저지르고 있는 셈이야. 저작권자가 마음먹고 고소하거나 소송을 제기하면 굉장히 곤란해질 수 있는 거지. 다른 사람들의 저작물을 이용하기가 쉬워진 시대일수록, 혹시 내가 한 행동이 불법이나 범죄는 아닌지 더 깊이 주의를 기울이도록 하자.

하나 더
체크하기!

다른 사람의 책이나 영상, 사진을 허락 없이는 절대로 쓰면 안 되나요?

우리가 타인의 작품, 즉 타인이 저작권을 가진 '저작물'을 이용할 때는 기본적으로 주의해야 하는 게 사실이야. 웬만하면 내 SNS 계정에 남의 사진이나 글을 옮겨 와서 공유할 때도 허락을 받는 게 가장 좋아. 그러나 허락을 받지 않는다고 해서 무조건 불법이나 범죄가 되는 건 아니야.

저작권법에서는 우리가 타인의 작품을 이용할 수 있는 몇 가지 경우를 알려 주고 있어. 대표적인 게 '인용'이지. 누군가의 글 일부를 내 계정에 공유하면서 그 글에 대한 나의 의견, 해설, 비판 등을 쓰는 게 목적이라면 때론 '허락 없는' 인용도 허용돼. 또 앞에서 이야기했던 것처럼 좋아하는 사진을 인터넷에서 다운받아서 그냥 내 방 벽에 붙여 놓을 용도로 쓰는 정도라면, 즉 가정 내에서의 '사적 이용' 정도라면 허용되기도 하지.

그 밖에도 우리가 자유롭게 쓸 수 있는 사이트들이 있어. 이런 사이트에 있는 저작물은 학교 과제나 SNS 업로드 등 다양한 곳에 활용할 수 있지. 아래 사이트에 들어가 보면 다양한 저작물들이 있으니 잘 활용해 보도록 하자.(단, 일부 유료 이미지는 구매 후 사용할 수 있어.)

- 공유마당 gongu.copyright.or.kr
- 공공누리 kogl.or.kr
- 픽사베이 pixabay.com
- 언스플래시 unsplash.com

특히 공공누리는 '공공저작물'이라고 하여 누구나 사용할 수 있는 저작물들을 상당히 많이 업로드해 둔 곳이야. 다양한 사진, 그림, 음원, 폰트, 영상 등이 있어서 필요한 저작물이 있을 때 사용하기 유용한 곳이니 꼭 알아 두자.

나아가 ChatGPT 등 생성형 AI로 만들어낸 그림의 경우에는 특별히 저작권자가 없기 때문에 사용하는 게 문제되지 않기도 해. 이 경우 이미 주인이 있는 그림을 허락 없이 이용하여 AI에게 '수정, 변형'을 시키는 형태로 사용하면 문제가 될 수 있지만, 순수하게 '새로 생성'한 이미지 등은 대부분 저작권 문제 없이 사용할 수 있다고 볼 수 있어. 내가 원하는 이미지를 구하기 힘들 때 생성형 AI를 이용해 생성시켜 사용한다면 저작권 문제로부터 어느 정도 자유로울 수 있어. 단, AI가 생성한 이미지도 이미 존재하는 이미지와 너무 유사하다면 문제될 수 있고, 특히 유명 인물이나 브랜드 캐릭터를 AI로 유사하게 만들 때는 퍼블리시티권 침해 등 다른 문제가 벌어질 수 있으니 유의하자.

영상을 캡처해서 사용하면 범죄인가요?

직접 훔친 게
아닌데도
범죄인가요?

**점유이탈물횡령죄,
절도죄 방조범**

CCTV

비 오는 날, 무인상점에서
누가 놓고 간 우산을 주워 썼고
친구가 아이스크림 훔치는 걸 그냥 보기만 했어요,
이게 범죄인가요?

도윤이와 재훈이는 학교 수업을 마치고 집으로 가던 중이었어.
그런데 갑자기 비가 쏟아졌지. 우산을 안 가져온 두 사람은 비를 맞으며 뛰다가 근처에 있는 무인상점으로 들어갔어.

"갑자기 왜 이렇게 비가 많이 와. 완전 쏟아지네."

"나도 우산 안 가져왔는데."

그때 도윤이는 상점 입구 바닥에 놓여 있는 우산을 발견했어.
우산은 누가 잊어버리고 갔는지 촉촉하게 젖어 있었지.

"야, 저 우산 그냥 가질까?"

"뭐?"

"여기 무인상점이잖아. 직원도 없고, 어차피 주인도 모르고."

재훈이는 별생각 없이 대답했어.

"뭐, 네가 알아서 해."

도윤이는 잠깐 망설였지만, 결국 우산을 집어 들었어.

'주인이 잃어버린 길지도 모르지만…. 뭐, 어차피 찾으러 오지 않을 수도 있고.'

한편 재훈이는 무인상점 안을 두리번거리다가 냉동고 앞으로 갔어. 평소 좋아하는 아이스크림을 하나 집어 들었는데, 천장 구석에 달린 CCTV가 눈에 띄었지.

"아, 카메라 있네. 잠깐만 옆에 와 줄래?"

도윤이는 재훈이의 의도를 알아채고 옆에 서서 카메라를 슬쩍 가려 줬어. 재훈이는 아이스크림을 다시 내려놓는 척하면서 몰래 주머니 안으로 밀어 넣었지.

"완벽했어. 카메라에 안 잡혔을 거야. 땡큐."

그렇게 두 사람은 아무 일 없다는 듯이 무인상점을 나와 도윤이가 집어 든 우산을 함께 쓰고 집으로 향했어.

하지만 며칠 후, 무인상점 점주가 CCTV를 확인하다가 평소 아이들이 많이 쓰는 수법인 걸 간파하고 경찰에 두 사람을 신고했지.

리걸 마인드

우선 우산을 가져간 도윤이는 자신의 행동이 범죄라고 생각하진 않았을 것 같아. 비가 많이 오는 상황이었고 다른 사람이 놓

직접 훔친 게 아닌데도 범죄인가요?

고 간 우산은 어떻게 보면 더 이상 '주인'이 없는 상태니까 말이야. 결국 무인상점 주인이 갖거나 급한 다른 사람이 가져갈 거라고 생각했겠지.

비는 많이 오는데 우산이 없는 경우, 어딘가에 누가 놓고 간 우산이 있다면 한 번쯤은 써 볼까하는 생각을 해 본 적이 있을 거야. 실제로 써 본 친구들도 있을 거고.

그런데 말이야, 만약 그 물건이 우산이 아니라면 어떨까? 돈이 들어 있는 지갑이라든지 엄청나게 비싼 금괴라면? 그래도 당장 주인이 없다는 이유로 마음대로 가져가도 괜찮은 걸까?

점유이탈물 횡령죄가 뭐예요?

우산은 저렴한 것이고 지갑이나 금괴는 비싼 거니까 다르다고? 하지만 싸고 비싸고의 기준은 사람마다 다를 수도 있지. 우산도 종류에 따라서는 굉장히 비싼 명품도 있을 테니까.

아니면 다르게 생각해서, 내가 잃어버린 우산이 돌아가신 할머니가 남겨 준 유일한 유품이었다면? 1분 뒤에 부랴부랴 다시 찾으러 갔는데 그 사이에 소중한 유품인 우산이 없어졌다면 굉장히 슬프고 화가 나지 않을까? 그렇게 생각하면 누가 실수로 깜빡 두고 간 우산을 집어 오는 것이 그리 가벼운 문제만은 아닐 수 있겠지.

누군가 놓고 간 물건을 줍는 행위는 우리나라 법에 명백히 '범죄'로 규정되어 있어. 바로 '점유이탈물횡령죄'라는 것이지. 점유이탈물횡령죄는 쉽게 말해 '남이 잃어버리거나 놓고 간 물건을 내 것처럼 가져가면 성립하는 범죄'야. 길에서 지갑을 줍든, 지하철에서 우산을 줍든, 산에서 모자를 줍든 마찬가지야.

단순히 주워서 가져가는 걸 넘어, 길바닥에 떨어진 지갑을 주워 안에 든 돈이나 카드를 사용하면 더 큰 문제가 되지. 이땐 절도, 사기, 신용카드 부정 사용 등까지 적용되거든. 심각한 범죄를 저지른 범죄자가 되는 거지. 실제로 이렇게 남의 것을 함부로 들고 가서 사용했다가 처벌을 받는 경우가 많아.

요즘에는 일부러 지갑을 떨어트린 척 길에 놔둔 다음, 누군가 집어 들면 붙잡아서 경찰서에 고소하겠다고 협박하며 합의금을 요구하는 범죄도 있어. 그러니 되도록 주인이 없는 것처럼 보이는 물건들을 함부로 줍지 않아야 해.

훔치지 않아도 방조죄로 처벌받는다고요?

재훈이가 아이스크림을 훔친 게 '절도죄'인 건 알고 있을 거야. 절도란 도둑질을 뜻하지. 그럼 옆에서 지켜보기만 한 노윤이도 범죄자일까? 아이스크림을 훔친 건 재훈이고, 도윤이는 아무런 이득도 없는데 말이야. 더군다나 엄청난 도움을 준 것도 아니고 그냥 슬쩍 옆에 서 있어 준 게 다인데.

이럴 때도 앞서 살펴본 것처럼 다른 관점에서 생각해 볼 수 있어. 재훈이가 훔친 게 아이스크림이 아니라 엄청나게 중요한 국가의 보물이라면? 아니면 단순한 도둑질이 아니라 사람을 크게 다치게 하는 나쁜 잘못을 저지를 때 곁에 있었다면? 도윤이는 아무 잘못이 없다고 할 수 있을까?

어떠한 범죄를 행한 사람을 '정범'이라고 불러. 통상의 범죄는 혼자서도 얼마든지 저지를 수 있지만, 누군가의 도움을 받는다면 범죄를 저지르기가 훨씬 편해지겠지. 정범의 범죄를 도와주는 형태의 공범을 '종범' 또는 '방조범'이라고 부르는데, 도윤이의 경우 '방조범'으로 처벌돼. '방조'라는 말이 그냥 구경한다는 의미처럼 보이지만, 보통은 약간이라도 도움을 주는 경우이기 때문에 방조범에 해당하지.

도윤이처럼 타인의 범죄를 도운 것만으로도 심각한 처벌을 받을 수 있어. 특히 그 사람의 범죄가 심각한 것일수록 방조범의 처벌도 심하게 이루어지지. 그러니 누군가 범죄를 저지르는 데 망을 봐 주거나, 범죄 도구를 구해 주거나, 사소하게라도 의

리상 도와주어서는 안 돼. 결국 법정에 가서는 나도 범죄자로 처벌받게 되니 말이야. 친구 때문에 같이 감옥에 가게 되면 얼마나 억울하겠어? 법은 방조범도 용서하지 않는다는 걸 꼭 알아 둬.

 **결론** 어떤 처벌을 받나요?

결국 도윤이는 두 개의 범죄를 저지르게 되었어. 점유이탈물횡령죄와 절도죄야.

　점유이탈물횡령죄는 최대 징역 1년 또는 300만 원의 벌금 처벌을 받을 수 있어. 점유이탈물횡령죄의 처벌은 형량이나 벌금 자체가 높지는 않아. 그럼에도 처벌을 쉽게 생각하면 안 되는 이유는, 형사 처벌을 받은 전과는 벌금형이든 징역형이든 동일하게 기록에 남기 때문이야. 즉 죄의 혐의가 인정된다면 전과자가 되는 거지. 그리고 이 죄는 피해자와 합의해도 처벌을 피할 수 없어. 또한 단순히 점유이탈물횡령죄로 끝나는 것이 아니라 절도죄가 아니냐는 오해를 받고 또 다른 혐의가 적용될 수 있어. 가령, 신용카드나 체크카드를 습득하여 단순히 소지나 보관만 하는 게 아니라 카드를 사용하면 심각한 문제로 발전하는 거지.

형법 제360조(점유이탈물횡령)

① 유실물, 표류물 또는 타인의 점유를 이탈한 재물을 횡령한 자는 1년 이하의 징역이나 300만 원 이하의 벌금 또는 과료에 처한다.

② 매장물을 횡령한 자도 전항의 형과 같다.

형법 제329조(절도) 타인의 재물을 절취한 자는 6년 이하의 징역 또는 1천만 원 이하의 벌금에 처한다.

절도죄의 경우에는 최대 징역 6년 또는 1천만 원의 벌금을 받을 수 있는데, 방조범 역시 그 절반인 최대 징역 3년 또는 1천만 원의 벌금이라는 만만치 않은 처벌을 받을 수 있어. 특히 최근에는 무인상점에서 청소년들의 범죄를 적발하여 경찰서에 고소하고, 고소당한 학생들이 몇백만 원의 합의금을 물어 주는 경우가 많아. 1천 원짜리 아이스크림을 공짜로 먹으려다가 훨씬 큰돈을 잃는 거지.

그러니 함부로 남의 물건을 줍거나 훔치는 건 물론이고, 친구의 범죄를 도와주는 일은 절대로 하지 말자.

친구의 학용품을 잠시 사용하고 다시 갖다 둔 것도 절도죄가 되나요?

다른 사람의 물건을 훔쳐서 완전히 '가지려는' 게 아니라, 잠깐 쓰고 다시 가져다 놓는 것도 범죄가 되는지 궁금한 거구나. 이 경우 일시적으로 잠깐만 사용하고 다시 갖다 놓으려는 게 명백하다면 절도죄를 인정할 수 없다고 보기도 해. 이런 경우를 보통의 절도와 구별해서 '사용절도'라고 하지. 사용절도는 처벌하지 않는 게 원칙이야. 그러나 사용한 기간이 길거나 사용한 다음 다른 장소에 버리면 절도죄가 인정돼.

그래서 친구 볼펜을 잠깐 쓰고 제자리에 놓는 식이라면 절도죄까지는 인정되지 않을 수 있어. 남의 우산을 아주 잠깐만 이용하고 다시 제자리에 갖다 놓는 것도 마찬가지야. 그러나 볼펜이나 우산도 내가 가지고 있는 시간이 길어지거나, 그로 인해 소유자가 피해를 입었을 경우엔 절도죄로 인정될 가능성이 커. 그러니 남의 물건을 함부로 사용하지 말고 가능한 한 꼭 허락을 구하고 사용하는 게 좋아.

치마 입은
뒷모습을 찍으면
범죄인가요?

성폭력처벌법

스토리

수업이 한창 진행 중이었어. 선생님이 등을 돌려 칠판에 글을 쓰고 있었지. 교실은 조용했지만 준호는 집중이 잘 되지 않았어. 멍하니 선생님을 바라보던 준호는 갑자기 장난기가 발동했어.

'이거 몰래 찍어서 친구들한테 보여 주면 반응 재밌겠는데?'

준호는 주위를 살피더니 몰래 스마트폰 카메라를 켜서 치마를 입은 선생님의 뒷모습을 찍었어. 떨리는 손으로 찍었지만 사진은 꽤 선명하게 나왔지.

"야, 이거 봐. 어떠냐?"

옆자리 친구에게 사진을 보여 주자 친구는 놀라면서도 작게 웃었어. 준호는 그 반응에 더 신이 났어.

"이거 단톡방에 올리면 난리 나겠는데?"

준호는 바로 친구들이 모인 단체 채팅방에 사진을 올렸어.

순호 ㅋㅋㅋ 아, 애들아. 이기 뵈.

메시지가 올라가자마자 반응이 쏟아졌어.

성규 대박인데? 어디서 찍은 거냐?

진수 와, 이거 올려도 돼?

친구들의 반응에 기분이 좋아진 준호는 더 많은 사람이 보면 훨씬 재밌을 것 같다는 생각이 들었어. 결국 한 커뮤니티 사이트에도 사진을 올렸지.

"이거 터지면 인기글 가겠지?"

그렇게 하루가 지나고, 준호는 별일 없을 거라 생각했어. 그런데 다음 날, 교무실이 술렁였지. 누군가 익명으로 제보를 한 거야.

'설마 내가 올린 게 걸린 건가?'

준호의 불안은 현실이 되었어. 몰래 찍힌 자기 사진이 퍼지고 있다는 걸 선생님도 알게 되었고, 학교는 이 문제를 심각하게 다루기 시작했어. 결국 경찰까지 나서면서 사건은 걷잡을 수 없이 커져 버렸지.

요즘에는 스마트폰을 가진 학생들이 많아서 사진 촬영이 무척 쉬워졌어. 그러다 보니 길을 가다가도 사진으로 남기고 싶은 게 있으면 무엇이든 찍곤 해. 더군다나 각종 카메라 애플리케 이션이 무음 기능을 제공하고 있어서 남들 몰래 사진을 찍는 경우도 많아. 사진 찍는 게 너무 일상이 되어서 다른 사람의 사진을 아무렇지 않게 찍는 거야. '상대방이 알면 기분이 좀 나쁘겠지만 그게 범죄이기야 하겠어?'라고 단순하게 생각하는 거지.

몰래 다리 사진을 찍으면 성폭력법 처벌을 받나요?

내가 사진을 찍을 때 다른 사람이 사진에 찍혔다고 해서 무조건 다 범죄라고 하기엔 곤란해. 실수로 찍힐 수도 있고 또 사진 찍는 게 뭐 그리 잘못한 일이냐고 생각할 수도 있지. 그러나 '성적인 의도'가 들어간다면 사정이 완전히 달라진다는 걸 알아야 해. 예를 들어 친구끼리 손을 잡는 것과 성적 욕망으로 타인의 손을 억지로 잡는 것은 천지차이잖아?

마찬가지로 그냥 다른 사람의 사진을 우연히 찍는 것과 성적 목적을 가지고 찍는 것은 완전히 다른 문제야. 성적 목적을 가진 사진에 찍힌 사람은 정신적인 충격을 받겠지. 혹시 누가 또 내 사진을 몰래 찍을지 모른다는 공포에 밖에 나서는 것조차 두려워질 수 있어. 성폭력처벌법에 카메라나 그밖의 유사한 기능을 갖춘 기계 장치를 이용하여 성적 욕망 또는 수치심을 유발할 수 있는 사람의 신체 부위를 몰래 촬영하는 경우 처벌한다고 명시되어 있는 것도 그 이유야.

특히 사진이 인터넷에 올라가서 불특정 다수가 내 사진을 보고 희롱한다고 생각하면 굉장히 수치스럽고 온 세상이 두려워지지. 나에게는 한순간의 재미지만 누군가에게 큰 상처가 된다면 가벼운 장난으로 치부할 문제는 아니야. 그야말로 심각한 범죄니까.

흔히 우리는 성폭력이라고 하면 신체에 가하는 직접적인 폭력만 떠올리지만 실제로 성폭력의 범위는 매우 넓어. 직접 신체를 접촉하는 것뿐만 아니라 성적인 말을 하거나 문자를 보내고, 성적인 사진을 찍는 행위 등이 모두 '성폭력'에 해당돼. 정확히는 '성적 욕망 또는 수치심을 유발할 수 있는 사람의 신체'를 그 사람의 '의사에 반하여' 촬영하는 것을 성폭력으로 보는 거지. 단순히 '맨살'만 해당하는 것이 아니라 레깅스를 입은 하반신 등도 모두 포함돼. 수치심을 유발할 수 있는 신체의 범위가 넓기 때문에 함부로 타인의 신체 자체를 찍지 않아야 해.

영상물을 유포하는 것도 큰 범죄인가요?

사람의 얼굴, 신체 또는 음성을 대상으로 촬영한 사진이나 영상물, 음성물을 메신저나 온라인 등에 올려서 유포하는 것 또한 심각한 범죄 행위야. 요즘에는 친구에게 메시지로 사진을 보내거나 온라인에 사진을 올리는 것이 무척 쉬워졌지. 실제로 각종 익명 온라인 커뮤니티에는 이렇게 찍은 사진을 몰래 올리며 공유하는 경우도 꽤 많아.

그러나 그런 행위들 하나하나가 매우 심각한 성폭력이 될 수 있다는 걸 알아야 해. 범죄는 생각보다 저지르기가 쉬워. '딸깍' 하고 마우스를 한 번 누르는 것만으로도, 스마트폰 '터치' 한 번으로도 감옥에 갈 수 있을 만큼 심각한 범죄 행위라는 사실을 명심해!

준호가 저지른 범죄는 '성폭력처벌법'이라는 특별법에 별도로 규정되어 있어.

카메라 등으로 성적 욕망 또는 수치심을 유발할 수 있는 사람의 신체를 그 사람의 의사에 반하여 촬영한 범죄는 최대 징역 7년이나 벌금 5천만 원까지의 처벌을 받을 수 있어.

제14조(카메라 등을 이용한 촬영)

① 카메라나 그 밖의 이와 유사한 기능을 갖춘 기계 장치를 이용하여 성적 욕망 또는 수치심을 유발할 수 있는 사람의 신체를 촬영 대상자의 의사에 반하여 촬영한 자는 7년 이하의 징역 또는 5천만 원 이하의 벌금에 처한다.

② 제1항에 따른 촬영물 또는 복제물(복제물의 복제물을 포함한다. 이하 이 조에서 같다)을 반포·판매·임대·제공 또는 공공연하게 전시·상영(이하 "반포등"이라 한다)한 자 또는 제1항의 촬영이 촬영 당시에는 촬영 대상자의 의사에 반하지 아니한 경우(자신의 신체

를 직접 촬영한 경우를 포함한다)에도 사후에 그 촬영물 또는 복제물을 촬영 대상자의 의사에 반하여 반포 등을 한 자는 7년 이하의 징역 또는 5천만 원 이하의 벌금에 처한다.

앞서 설명한 것처럼 이러한 촬영물을 유포한 자도 같은 처벌을 받는데, 두 가지 행위를 다 저지르면 가중 처벌을 받아. 덧붙여 이러한 촬영물은 일종의 '불법 정보'이기 때문에 정보통신망법 위반까지 해당될 수 있어. 만약 영리를 목적으로 영상물을 정보통신망을 이용해 배포한 경우, 상습적으로 죄를 범했을 경우, 영상물을 이용한 협박과 강요를 할 경우엔 가중 처벌을 받을 수 있다는 점도 꼭 기억하렴.

하나 더
체크하기!

**불법 촬영물을 유포하지 않고
가지고만 있는 건 괜찮을까?**

흔히 말하는 '몰카'를 찍는 게 나쁘다는 건 누구나 알고 있지. TV 뉴스에서만 보더라도 화장실에 몰래카메라를 설치하거나 지하철에서 몰래 남의 신체를 찍은 사람들이 붙잡히곤 하잖아. 그렇지만 남이 찍은 불법 사진이나 영상을 보관하거나 저장해 두는 것은 범죄가 아니라고 생각하지. 특히 인터넷에서 다운받아 가지고 있는 건 범죄라고 생각하지 않아.

그렇지만 성폭력처벌법은 남이 찍은 불법 촬영물이라 할지라도 이걸 소지, 보관, 구매, 저장하기만 해도 범죄로 보고 있어. 최대 징역 3년에 이를 수 있는 중대 범죄야. 그러니까 설령 인터넷에서 우연히 불법 촬영물을 봤다 하더라도, 이를 저장해 두면 안 된다는 점을 명심하자.

특히 아동 청소년을 성적 대상으로 한 불법 영상은 '시청'만으로도 범죄가 되니까 저장은 물론이고 절대 시청도 해서는 안 된다는 것도 잊지 마.

치마 입은 뒷모습을 찍으면 범죄인가요?

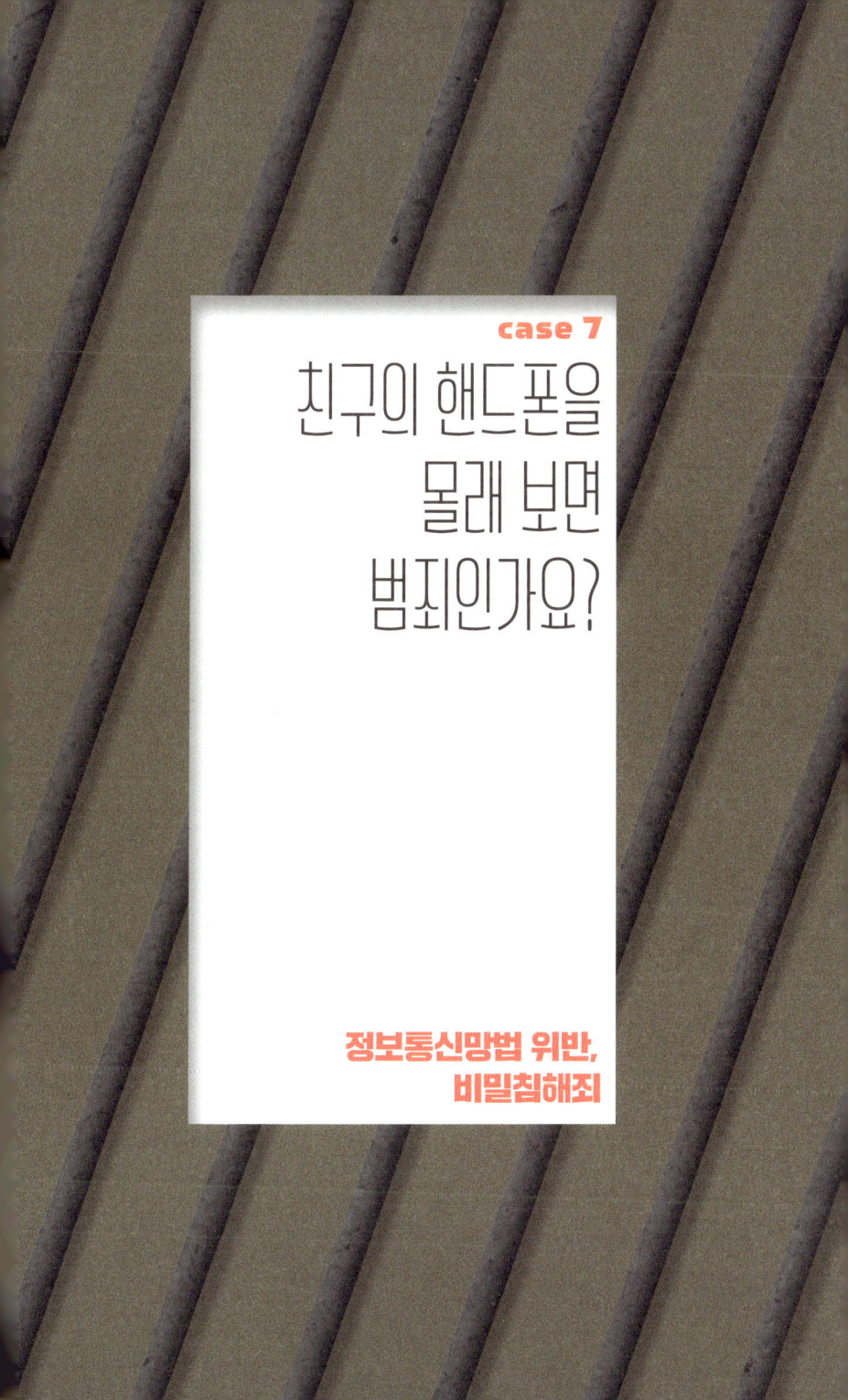

친구의 핸드폰을
몰래 보면
범죄인가요?

정보통신망법 위반,
비밀침해죄

쉬는 시간에 친구 휴대폰이 책상에 놓여 있는 걸 보고
궁금해서 몰래 사진과 메시지를 훔쳐봤어요.
재미있는 내용이 있길래 폰으로 찍어서 단톡방에 올렸고요.
이게 범죄인가요?

쉬는 시간이었어. 교실은 웅성거리는 소리로 가득했고, 아이들은 삼삼오오 모여 잡담을 나누고 있었지. 지유는 혼자 자리에서 핸드폰을 만지작거리다가 문득 옆자리 친구 아영이가 자리를 비운 채 스마트폰만 책상 위에 올려 둔 걸 보게 되었어.

"어? 애 핸드폰 책상 위에 그냥 두고 갔네?"

친구의 핸드폰을 슬쩍 들어 본 지유는 잠깐 망설였어. 원래라면 그냥 지나쳤겠지만, 화면을 보니 비밀번호가 걸려 있지 않았던 거야. 호기심이 발동했어.

'잠깐 보는 거면 괜찮겠지?'

지유는 슬쩍 폰을 집어 들고 화면을 밀어 올렸는데 예상대로 잠금 해제가 필요 없었어. 처음에는 그냥 SNS를 확인해 볼까 싶었지만 이내 사진첩이 궁금해졌어. 평소엔 볼 수 없는 친구의 일상, 혹은 남들에게 잘 안 보여 주는 사진이 있을지도 모르니까.

"헉, 이거 뭐야?"

사진첩을 넘기다가 이상한 사진을 하나 발견했어. 아영이가 평소에 남들에게 보여 주지 않던, 약간 우스꽝스럽고 부끄러울 만한 사진이었어. 지유는 장난기가 발동했지.

"이거 단톡방에 올리면 다들 엄청 웃을 텐데?"

망설임도 없이 휴대폰 카메라를 켜서 그 사진을 찍었어. 그리고 아무렇지 않게 친구들이 있는 단체 채팅방에 올렸지.

지유 ㅋㅋㅋ 야, 얘 이런 거 가지고 있더라?

반응은 예상대로였어.

친구1 와, 대박 ㅋㅋㅋㅋ
친구2 아니 저건 또 뭐냐? ㅋㅋㅋㅋ
친구3 이거 저장각?

아이들은 웃기다며 신나게 반응했어. 지유는 뿌듯한 기분마저 들었지.

하지만 이 장난은 생각보다 심각한 문제로 번지게 되었어. 잠시 후, 아영이가 돌아와 휴대폰을 확인하더니 얼굴이 굳어졌지.

"이거… 누가 한 거야?"

단톡방에 올라온 자기 사진 얘기를 듣고, 아영이는 얼굴이 벌게지더니 급하게 선생님께 가서 말했어. 그리고 곧 학교에서 이 문제가 커지기 시작했지. 결국 선생님은 지유의 부모님까지 호출했고, 경찰 신고 이야기까지 나왔어.

"난 그냥 재밌어서 그런 건데…. 이게 진짜 범죄가 된다고?"

그제야 지유는 자기가 한 일이 단순한 장난이 아니라는 걸 깨닫기 시작했어.

리걸 마인드

친한 친구나 연인, 가족끼리는 때로 서로의 휴대폰을 보는 게 어색하지 않아. 가끔은 검색할 때 휴대폰을 빌려 쓰기도 하고 서로의 사진첩을 구경하기도 하지. 부부나 연인 중에는 서로의 문자 메시지를 공유하며 들여다보는 경우도 있어.

그렇지만 이건 어디까지나 상대방이 그렇게 하도록 '허락'해 줬기 때문이지. 만약에 상대방이 싫어하거나 허락해 주지 않아도 보는 게 괜찮을까?

입장을 바꿔서 만약 내가 이런 일을 당했다면 기분이 어떨 것 같니?

휴대폰을 몰래 보면 정보통신법 위반이에요?

내 휴대폰에는 나만의 비밀들이 담겨 있어. 메모장에 자기만의 사적인 일을 담은 일기를 쓸 수도 있고, 메신저로 가장 친한 친구랑 비밀 이야기를 주고받을 수도 있지.

사진첩에도 불법은 아니지만 남들에게 알리고 싶지 않은 취향의 사진들이 담겨 있을 수도 있어. 예를 들어, 겉으로 티 내기엔 조금 부끄럽지만 나만 좋아하는 만화 캐릭터 같은 것들 말이야.

그런데 내가 실수로 잠금 패턴을 설정해 놓지 않았거나 혹은 남들이 내 잠금 패턴이나 비밀번호를 알게 되어 마음대로 내 휴대폰을 본다면 매우 화가 나기도 하고 부끄럽고 창피하겠지.

내 휴대폰을 훔쳐본 사람은 "화면을 잠가 두지 않은 네 책임이다"라고 말할 수도 있겠지만, 그건 아니지. 집 문을 열어 놨다고 아무나 들어와도 되는 건 아니잖아? 벤치에 내 물건을 잠시 놔뒀다고 해서 아무나 가져가도 되는 게 아닌 것처럼 말이야. 내가 잠들어서 무방비 상태라고 해도 남들이 함부로 나를 만져도 되는 건 아니잖아. 즉, 그 사람에게 피해를 줄 만한 행동이라면 그 사람이 스스로 예방하지 않았다 하더라도 그 행동을 마음대로 해선 안 되는 거야.

정보통신망법은 "누구든지 정보통신망에 의하여 처리·보관 또는 전송되는 타인의 정보를 훼손하거나 타인의 비밀을 침해·도용 또는 누설하여서는 아니 된다"라고 규정하고 있어.

정보통신법 이용 촉진 및 정보보호 등에 관한 법률(정보통신망법)

제48조(정보통신망 침해행위 등의 금지) ① 누구든지 정당한 접근 권한 없이 또는 허용된 접근 권한을 넘어 정보통신망에 침입하여서는 아니 된다.

제49조(비밀 등의 보호) 누구든지 정보통신망에 의하여 처리·보관 또는 전송되는 타인의 정보를 훼손하거나 타인의 비밀을 침해·도용 또는 는 누설하여서는 아니 된다.

법 규정이 조금 어렵다면, 여기에서 '타인의 정보' 그리고 '타인의 비밀'이라는 말에 주목해서 보면 좋아. 우리는 흔히 다른 사람의 비밀을 알고 싶어하지. 연예인이 누구랑 연애하는지, 친구가 나의 어떤 점을 좋아하거나 싫어하는지, 선생님의 첫사랑은 누구인지와 같은 타인의 사생활과 비밀에 관심이 많아. 우리 법은 모든 사람의 사생활은 반드시 '보호'받아야 된다고 보고 있어.

비밀 침해죄는 뭐예요?

법은 개인이 비밀을 침해받지 않도록 보장하고 있어. 누구나 남들에게 나의 사생활이나 비밀을 말하지 않을 자유가 있고, 또 남들이 함부로 그걸 들춰내지 않도록 보호받을 수 있어야 한다는 거지.

누군가가 휴대폰에 저장해 둔 사진, 일기, 문자 메시지 등은 모두 그 사람의 '정보'야. 그리고 그의 '비밀'이 되기도 하지. 이런 정보나 비밀은 그 사람의 허락 없이는 함부로 훼손, 누설, 도용해서는 절대 안 돼. 지유가 자기 휴대폰으로 찍어서 남들에게 공개한 순간, 아영이의 비밀을 누설한 게 되는 거고 지유는 결국 범죄 행위를 저지른 범죄자가 되는 거야.

만약 지유가 아영이의 휴대폰에서 찍은 사진이 아영이의 명예를 훼손할 수 있는 사진이라면, 지유는 명예훼손죄도 저지른 게 돼. 누군가의 '명예를 훼손'한다는 건 그 사람의 사회적 평판(평가)을 저하시킨다는 뜻이야. 예를 들어 착하고 좋은 아이인 줄 알았던 아영이가 몰래 불장난을 하는 사진을 지유가 발견했다고 해 보자. 지유가 이 사진을 퍼뜨리면 다른 친구들은 아영이를 '좋은 사람'에서 '나쁜 사람'으로 다르게 바라보며 '사회적 평판'을 바꾸게 되겠지. 그러면 아영이의 명예는 훼손된 거야. 지유가 한 행동이 아영이의 명예를 훼손했으므로 지유는 명예 훼손죄를 저지른 범죄자가 되는 거지.

결론 어떤 처벌을 받나요?

결국 지유는 호기심 때문에 친구의 핸드폰을 몰래 보았다가 범죄를 저지르게 되었어. 정보통신망에 의하여 처리·보관 또는 전송되는 타인의 정보를 훼손하거나 타인의 비밀을 침해·도용 또는 누설한 경우는 최대 징역 5년 또는 벌금 5천만 원의 처벌을 받을 수 있어.

정보통신망법 침해라는 죄명이 생소하겠지만, 우리가 일상 생활에서 얼마든지 저지를 수 있는 범죄야. 친구, 가족 등의 친밀한 관계에 있는 사람들 간에도 휴대폰을 몰래 보다가 상대방의 고소로 법정에까지 서는 경우가 늘고 있어. 최근 정보통신 기술의 발달로 개인 정보와 비밀 침해가 손쉽게 이뤄지는 만큼, 위법에 대한 인식이 없으면 상대방의 동의 없이 휴대폰을 보다가 무거운 처벌을 받기도 하니까 정말 조심해야 해.

정보통신법 이용 촉진 및 정보보호 등에 관한 법률(정보통신망법)

제71조(벌칙) ① 다음 각 호의 어느 하나에 해당하는 자는 5년 이하의 징역 또는 5천만 원 이하의 벌금에 처한다.

게다가 사람을 비방할 목적으로 정보통신망을 통하여 공공연하게 사실을 드러내어 다른 사람의 명예를 훼손한 경우엔 최대 징역 3년 또는 벌금 3천만 원의 처벌을 받을 수 있어. 그러니 타인의 비밀이 무척 소중하다는 사실을 잘 기억하자.

하나 더
체크하기!

다른 사람의 편지를 몰래 꺼내 보는 건 괜찮을까?

타인의 비밀에 관해서는 '정보통신망법' 외에 '형법'에도 규정되어 있어. 형법 제316조(비밀 침해)에는 휴대폰이나 컴퓨터, 노트북 같은 곳에 저장된 것뿐만 아니라 여러 방식으로 보관된 타인의 비밀을 침해해서는 안된다고 규정하고 있어. '봉함 기타 비밀 장치한 사람의 편지, 문서 또는 도화를 개봉'한 사람을 처벌하는 거지. 풀로 붙여 봉해 둔 다른 사람의 편지 같은 걸 함부로 꺼내 읽는 것도 범죄가 되는 거야.

아마 탐정 영화나 드라마, 추리 소설 같은 곳에서 탐정들이 몰래 남의 편지를 열어 보거나 휴대폰을 뒤지는 걸 많이 봤지? 그런데 알고 보면 탐정들이 범죄 행위를 하고 있었던 거야. 그러니 영화에서 본 걸 함부로 따라 해서는 안 된다는 걸 기억하자.

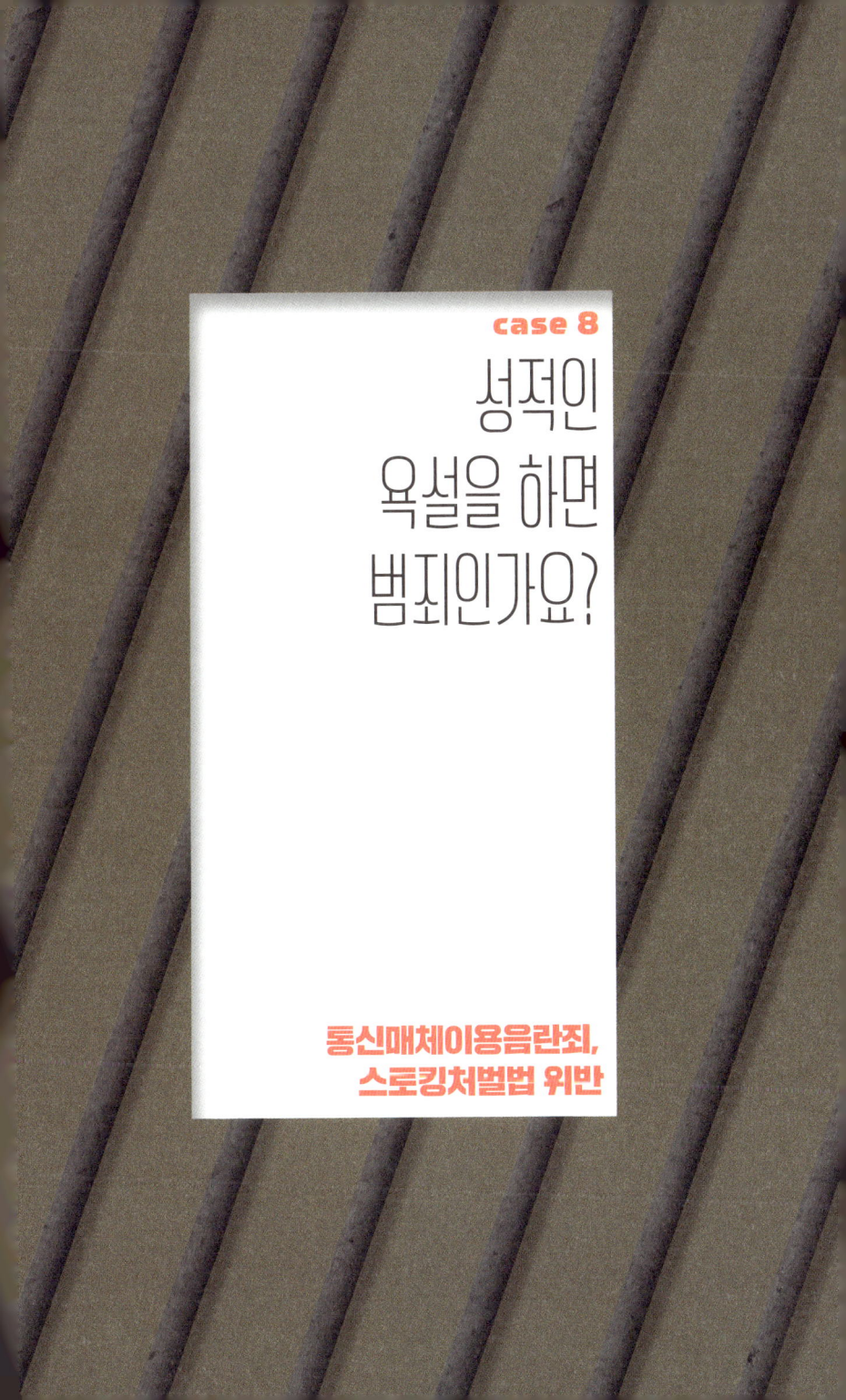

case 8

성적인
욕설을 하면
범죄인가요?

**통신매체이용음란죄,
스토킹처벌법 위반**

헤어진 여자 친구에게 화가 나서
성적인 욕설을 보낸 적이 있고
온라인 게임을 할 때
상대방에게 성적인 욕설을 한 적이 있어요.
이것도 범죄인가요?

늦은 밤, 도현이는 온라인 게임을 하던 중이었어. 상대와 1:1 채팅을 하면서 게임을 하다가 패배하자 점점 감정이 격해졌지.

DH 야, 너 그렇게 야비하게 이기면 좋냐.

배틀러 다 실력이지. 졌으면 그냥 조용히 하시지?

화가 난 도현이는 상대를 깎아내리려고 성적인 비하 발언을 하기 시작했어. 상대방이 여성 캐릭터여서 당연히 여성일 거라고 생각했지.

DH X년아, 여자 주제에 무슨 게임이야. 그러니 야비한 짓만 하지.

배틀러 뭐라고?

이후에도 계속 온갖 성적인 욕설을 하던 도현이는 게임을 꺼버린 후에도 화가 가라앉지 않았지. 그러다 얼마 전에 헤어진 여자 친구가 생각났어. 사실 헤어진 건 도현이 잘못이 아니라 여자 친구가 몰래 다른 남자애를 만났기 때문이었지. 도현이는 그때 생각을 하니 다시 화가 나서 메신저로 헤어진 여자 친구에게 성적인 욕설을 보냈어.

실컷 하고 싶은 대로 욕을 하고 나니 시원한 기분마저 들었어. 그땐 이 행동이 크게 문제가 될 거라 생각하지 않았지. 욕설이야 이미 헤어질 때 서로 주고받기도 했고, 친구들끼리도 곧잘 하는 것이었으니 말이야.

그러나 며칠 뒤 도현이는 담임선생님에게 불려 갔고, 경찰 조사까지 받게 되었어. 게임 상대방과 헤어진 전 여자 친구가 도현이를 경찰에 고소했던 거야.

리걸 마인드

우리는 감정이 격해질 때 말을 쉽게 내뱉곤 해. 특히 온라인에서는 상대방의 얼굴이 보이지 않기 때문에 현실보다 더 거친 표현을 쓰는 경우가 많지. 게임하거나 채팅할 때 상대를 비하하는 말을 아무렇지 않게 사용하기도 하잖아.

성적인 욕설을 하면 범죄인가요?

하지만 상대방은 내가 의도한 것보다 훨씬 더 큰 불쾌감을 느낄 수도 있어. 가벼운 농담으로 던진 말이라도 듣는 사람이 상처를 받는다면 그것은 더 이상 농담이 아니야.

특히 그냥 욕설이 아니라 성적인 욕설이나 비하 발언은 상대방을 수치스럽게 만들 수 있어. 대표적으로 성기와 관련된 욕설을 한다든지, 성적 행위를 묘사하거나 비유하며 욕설을 하는 경우는 더 큰 문제야.

통신매체이용음란죄가 뭐예요?

성적인 발언을 상대방에게 보내는 것은 일종의 성폭행에 해당해. 그래서 이에 대한 죄도 '성폭력특별법'이라는 법에 규정되어 있지. 그 죄의 이름은 바로 통신매체이용음란죄야.

통신매체이용음란죄는 정확히 '자기 또는 다른 사람의 성적 욕망을 유발하거나 만족시킬 목적으로 전화, 우편, 컴퓨터, 그 밖의 통신매체를 통하여 성적 수치심이나 혐오감을 일으키는 말, 음향, 글, 그림, 영상 또는 물건을 상대방에게 도달'하게 한 경우에 해당해.

법조문이 이해하기 어려울 수도 있지만, 간단히 말해 성적이고 음란한 말, 글, 그림, 영상, 목소리, 물건 등을 상대방에게 보내지 말라는 거지. 온라인 채팅으로든 문자 메시지로든 택배로 든 말이야.

여기서 중요한 것은 상대방이 원하지 않는 내용이었는지야. 내가 재미있다고 보낸 메시지라도 상대방이 불쾌했다면 문제 가 될 수 있어. 성적인 의미를 담고 있거나 상대방을 수치스럽 게 만들 수 있는 내용이었다면 충분히 처벌받을 수 있지.

최근엔 온라인 상에서 서로 다른 성별에 대한 비난과 욕설, 공격이 난무하다 보니 이성 간의 적개심이 극에 달하고 있다는 연구도 있어. 그만큼 많은 사람이 상대방을 성적으로 비하하거 나 공격해 서로가 큰 모욕감과 적개심을 품고 있는 거지. 하지 만 대부분이 이러한 법이 있는 줄도 몰라서 게임이나 랜덤 채 팅, SNS에서 잘못해 고소를 당하는 일이 많아. 만약 혐의가 인 정되면 성범죄자가 될 수 있고, 처벌의 수위 또한 가볍지 않기 때문에 주의를 기울여야 해. 아무리 화가 나더라도 절대로 '성' 과 관련된 발언을 하지 않도록 특별히 유의해야 하지. 나의 평 소 언어 습관을 되돌아보는 것도 필요할 거야.

특히 상대방이 미성년자라면 처벌 수위가 더욱 높아질 수도 있어. 미성년자를 대상으로 성적인 메시지를 보내거나 성희롱 적인 발언을 하는 것은 단순한 장난이 아니라 성범죄로 간주될

성적인 욕설을 하면 범죄인가요?

수 있지. 즉, 단순한 장난처럼 보이는 성적인 메시지라도 상대방이 신고하면 이는 심각한 법적 문제로 이어질 수 있다는 점을 알아야 해.

이 범죄는 더군다나 모욕죄나 명예훼손죄처럼 '공연성'을 요구하지 않아. 즉 모욕죄나 명예훼손죄처럼 다른 사람들이 나의 욕설을 들었는가와 관계 없이, 상대방만 내 성적인 욕설을 들었다면 통신매체이용음란죄가 성립되는 거지.

결론 어떤 처벌을 받나요?

결국 도현이가 한 행동은 단순한 게임 중 장난이 아니라 법적으로 처벌받을 수 있는 범죄였어. 게임 채팅이나 1:1 메시지를 통해 성적인 욕설을 보낸 경우 통신매체이용음란죄(성폭력처벌법 제13조)가 적용될 수 있단다.

성폭력범죄의 처벌 등에 관한 특례법(약칭: 성폭력처벌법)

제13조(통신매체를 이용한 음란행위) 자기 또는 다른 사람의 성적 욕망을 유

발하거나 만족시킬 목적으로 전화, 우편, 컴퓨터, 그 밖의 통신매체를 통하여 성적 수치심이나 혐오감을 일으키는 말, 음향, 글, 그림, 영상 또는 물건을 상대방에게 도달하게 한 사람은 2년 이하의 징역 또는 2천만 원 이하의 벌금에 처한다.

게임 중 채팅을 통한 폭언 및 욕설도 단순한 비속어가 섞인 욕설이 아니라 수위가 높은 성적인 표현이 들어간 욕설일 경우엔 최대 징역 2년 또는 벌금 2천만 원까지 처벌받을 수 있지.

이러한 통신매체이용음란 범죄 발생률은 급격히 증가하고 있어. 가해자 및 피해자의 나이는 대부분 게임을 좋아하는 10대 및 20대 초반으로, 가해자들은 게임 중에 하는 폭언이나 욕설이 범죄라는 사실을 모르는 경우가 많아. 만약 상대방이 먼저 욕했더라도, 수위가 높은 욕으로 대응할 경우 오히려 내가 처벌될 수도 있으므로 절대 같이 욕하면 안 돼. 일반 욕설은 모욕죄(1년 이하 징역)지만, 성적인 욕설은 상대에게 성적 수치심을 주므로 통신매체이용음란죄(2년 이하 징역)로 더 무겁게 다뤄진다는 점을 꼭 기억하자.

반복적, 지속적으로 성적인 메시지를 보냈다면?

만약 상대방이 공포심이나 불안감을 느낄 정도로 성적인 메시지를 반복적, 지속적으로 보냈다면 스토킹처벌법이 적용될 수 있어. 흔히 스토킹이라고 하면 오프라인에서 따라다니는 행동만 생각할 수 있지만 글, 말, 부호, 음향, 그림, 영상, 화상 등을 보내는 행위도 법적으로는 스토킹이야.

더군다나 스토킹처벌법은 이를 '성적인 메시지'로 한정하고 있지 않아. 즉, 공포심이나 불안감을 느낄 정도로 계속해서 메시지를 보낸다면 스토킹 범죄가 될 수 있지. 예를 들어, 헤어진 연인이 응답하지 않는다고 해서 문자를 매일 계속해서 보내는 것도 스토킹이야. "나는 그냥 상대방이 답장하지 않아서 이야기하고 싶었을 뿐인데 죄가 되나요?"라고 해도 소용없어. 계속되는 메시지로 상대방이 공포심이나 불안감을 느꼈다면 나는 범죄자가 되는 거야. 그러니 상대방이 원치 않는 메시지를 보내지 않도록 주의하자.

쇼핑할 때 물건을
자주 환불해도
범죄인가요?

업무방해죄, 사기죄

온라인 쇼핑몰에서 옷을 구매한 뒤 하루 입고
환불 기간 안에 환불하는 걸 반복한 적이 있고,
마음에 안 들어서 제품 하자가 없는데도
있다고 거짓말해서 반품 없이 환불했어요.
이것도 범죄인가요?

수민이는 요즘 온라인 쇼핑에 푹 빠져 있어. 멋진 모델들이 매번 새로운 옷을 입고 찍은 사진을 구경하는 것만으로도 재밌거든. 클릭만 하면 예쁜 옷들이 집으로 오니 참 좋았지. 내가 금방 사진 속 모델처럼 될 수 있었으니 말이야.

온라인 쇼핑몰을 자주 이용하다 보니 자연스럽게 환불도 여러 번 해 보았어. 처음에는 옷 사이즈가 안 맞아서 환불했지만, 편리한 환불 시스템에 적응되자 점점 다른 생각이 들기 시작했어.

'어? 환불 기한 내에만 반품하면 돈을 다 돌려준다고?'

수민이는 일부 쇼핑몰에서 별다른 확인 없이 반품을 받아 주고 환불해 준다는 걸 알게 된 거야. 처음엔 정말 마음에 들지 않는 옷만 반품했는데, 계속 새로운 옷을 사 입고 싶다는 마음에 하루 입고 환불해도 되지 않을까 하는 나쁜 마음이 생겨났어.

'어차피 깨끗한데…. 다시 보내면 환불해 주겠지?'

결국 수민이는 하루 입은 옷을 반품 신청하고 다시 쇼핑몰에 보냈어. 예상대로 특별한 확인 절차도 없었고, 환불도 쉽게 이루어졌지.

'이거 계속 해도 들키지 않겠는데?'

그 후로는 마음에 드는 옷을 사서 하루 이틀 입고 환불 기간 내에 반품하는 걸 반복했어. 그러던 어느 날, 수민이는 더 대담한 생각이 들었어.

'굳이 반품할 필요도 없지 않나? 그냥 '하자 있다'고 거짓말하면 반품 없이도 환불받을 수 있지 않을까?'

수민이는 몇 번을 고민하다가 결국 실행에 옮겼어. 새로 산 신발은 멀쩡했지만 쇼핑몰 고객센터에 연락했지.

"배송 왔을 때부터 밑창이 뜯어져 있었어요. 사진을 찍어 보내드릴까요?"

사실 사진 속 신발은 수민이가 일부러 뜯어 놓은 거였어. 쇼핑몰은 고객을 신뢰하기 때문에 추가 확인 없이 제품은 그냥 폐기해 달라고 한 후 바로 환불을 진행해 줬어.

'이거 대박인데? 물건도 돌려주지 않고, 돈도 받을 수 있다니!'

수민이는 이후로도 같은 방식으로 여러 번 환불을 받았어. 반품 없이도 환불받을 수 있는 쇼핑몰을 찾아가며 환불 사유를 조금씩 바꿔 가면서 말이야. 그렇게 몇 달 동안 수십만 원어치의 물건을 손에 넣었어. 그런데 어느 날, 경찰서에서 전화가 왔어.

"김수민 님 맞으시죠? 쇼핑몰에서 고소가 들어왔네요. 경찰서에 출석하셔야겠습니다."

리걸 마인드

환불은 소비자의 권리야. 옷이 마음에 들지 않거나 제품에 하자가 있다면 당연히 환불받을 수 있어. 그 외에도 학원비 같은 서비스 비용도 환불받을 권리가 있지. 환불받을 권리가 없다면 판매자도 불량품을 팔고 싶은 유혹을 느낄 수 있고, 돈을 받고 제대로 서비스를 제공하지 않을 수도 있겠지. 그래서 법은 환불받을 권리를 규정하고 있어.

그러나 수민이의 경우는 아무리 소비자의 권리라고 생각해도 매우 부당해 보여. 애초에 문제가 있는 경우에 환불받을 수 있게 해 둔 것인데, 아무런 문제가 없는데도 환불 제도를 악용한다면 낭연히 '나쁜 짓'이겠지. 특히 옷을 사서 하루만 입고 환불하는 과정에서 알게 모르게 옷이 상하거나 훼손될 수도 있어. 업무가 많은 쇼핑몰 입장에서는 반품된 옷을 일일이 꼼꼼

하게 검수하기 어려울 수도 있지. 그러면 그 제품을 다시 구매한 다른 사람에게 고스란히 피해가 돌아가는 거야.

무료 반품을 악용하면 업무방해죄예요?

제품에 하자가 없는데도 문제가 있다고 거짓말해서 돈만 환불받으면 어떻게 될까? 결국 그 제품을 만들어 쇼핑몰에 넘긴 공장 사장님만 손해를 보겠지. 그 사장님은 내 부모님일 수도 있고 친척일 수도 있어.

만약 세상 사람들이 모두 그렇게 서로를 속이며 돈을 빼앗으려 한다면 분명 우리 사회에는 큰 문제가 생길 거야. 서로가 서로를 믿지 못하고 더 속여서 이용해 먹으려고만 하겠지. 나의 작은 행동 하나하나가 모여서 사회 전체를 병들게 할 수도 있어.

법적으로 봤을 때 수민이가 한 행위는 쇼핑몰을 '속여서' 쇼핑몰의 '업무를 방해'한 것으로 볼 수 있어. 사실은 옷을 하루만 입을 의도였지만 옷을 살 것처럼 속인 거지. 마찬가지로 신발역시 공짜로 가질 생각이었을 뿐, 돈 주고 살 생각도 없었으니속인 거고. 결국 쇼핑몰은 수민이가 '속인' 결과로 물건을 팔아돈을 버는 자신들의 '업무', 즉 '일'을 방해받은 거야.

'일'은 삶에서 참 중요해. 일을 하지 않으면 먹고살 수가 없잖

아. 그러니까 일은 곧 생존, 즉 '생명'에 직결된 문제라고도 볼 수 있어. 그래서 다른 사람의 일을 함부로 방해하면 범죄가 되는 거야. 앞에서 다루었던 시험에서 커닝하는 행위가 학교의 업무를 방해해서 범죄가 된다는 사실을 기억하니? 이번 경우도 비슷해. 간단하게 다시 설명해 볼게.

일을 '그냥' 방해하는 게 다 범죄는 아니야. 살다 보면 뜻하지 않게 남의 일을 방해하게 될 수도 있고, 또 서로 일을 하다 보면 다투고 방해하는 경우도 생기지. 그런 걸 일일이 다 처벌해선 곤란해. 그러나 상대방을 속이거나 폭력이나 힘을 행사해서 일부러 일을 방해하면 범죄가 맞아.

예를 들어, 물건을 파는 상대방에게 사기를 쳐서 일을 방해하거나 깡패들이 식당에 쳐들어가서 일을 방해하는 건 범죄야. 수민이는 '사기를 쳐서 일을 방해'한 경우로, 이를 '위계에 의한 업무방해죄'라고 하지. 반면 깡패들이 쳐들어가서 힘으로 방해하는 건 '위력에 의한 업무방해죄'라고 해.

상습사기죄는 처벌이 더 가중되나요?

수민이는 우리가 흔히 말하는 '사기' 행위를 한 것으로도 볼 수 있어. 사기죄는 속임수를 이용해 상대방으로 하여금 재산적 피해를 입게 하는 거야. 대표적인 거짓말 범죄지. 만약 수민이가 하루만 입고 환불한 옷이 훼손되어 쇼핑몰에서 폐기 처분해야 했다면 그 옷값만큼 쇼핑몰에서는 손해, 즉 '재산적 피해'를 보겠지. 반품하지 않고 환불받은 신발의 경우는 더 당연하겠지? 쇼핑몰 입장에서는 신발만 빼앗긴 꼴이 되어 버렸으니 역시 손해를 입은 거야. 수민이는 사기를 쳐서 그 옷 또는 신발만큼의 이익을 얻은 것이고 말이야.

이러한 사기 행위를 여러 번 반복했다면 '상습' 사기죄가 돼. 대부분의 범죄를 여러 번 하다 보면 '상습범'이 되지. 도둑질을 여러 번 하면 '상습절도죄', 폭행을 여러 번 하면 '상습폭행죄'가 되는 거고. 그만큼 죄가 무거워져서 감옥에 오래 살아야겠지. 수민이는 그중에서 '상습사기죄'를 저지른 거야.

결론 어떤 처벌을 받나요?

수민이처럼 환불 시스템을 악용하는 사람이 늘어날수록 쇼핑몰 주인뿐 아니라 다른 소비자들도 피해를 입어. 쇼핑몰이 블랙컨슈머들을 막으려고 환불 절차를 더욱 까다롭게 만들테니까 말이야. 블랙컨슈머란 악성을 뜻하는 '블랙(black)'과 소비자란 뜻의 '컨슈머(consumer)'를 합친 신조어로, 터무니없이 말도 안 되는 무리한 요구를 하거나 갑질과 함께 도가 지나친 행동을 하는 소비자를 말해. 그러면 결국엔 수민이 같은 몇몇 나쁜 소비자 때문에 일반 소비자들마저 불편해질 수밖에 없어. 때문에 법을 만들어 이러한 행위를 막아야 해.

형법 제314조(업무방해)

① 제313조의 방법 또는 위력으로써 사람의 업무를 방해한 자는 5년 이하의 징역 또는 1천500만 원 이하의 벌금에 처한다.

형법 제347조(사기)

① 사람을 기망하여 재물의 교부를 받거나 재산상의 이익을 취득한 자는 10년 이하의 징역 또는 2천만 원 이하의 벌금에 처한다.

형법 제351조(상습범)

상습으로 제347조 내지 전조의 죄를 범한 자는 그 죄에 정한 형의 2분의 1까지 가중한다.

수민이가 한 행동은 단순히 돈을 아끼는 행위가 아니라 무척 위험한 범죄 행위야. 이러한 업무방해죄는 최대 징역 5년 또는 벌금 1천500만 원의 처벌을 받을 수 있어. 사기죄는 최대 징역 10년 또는 벌금 2천만 원의 처벌을 받을 수 있는데, 상습사기죄는 그보다 더 무거운 처벌을 받을 수 있지. 법은 일정한 범죄를 반복하는 상습범에게는 일반적으로 법정형을 2분의 1가량 가중한다고 되어 있으니 상습적으로 범죄를 저지르는 것은 절대 해서는 안 되는 일이야.

하나 더
체크하기!

택배나 배달을 받아 놓고
받은 적 없다고 하면 어떻게 될까?

요즘은 스마트폰 터치 한 번으로 쉽게 택배나 배달을 주문할 수 있어. 그런데 물건을 받은 적 없다고 속이고 싶은 유혹을 느끼는 사람들이 적지 않은가 봐. 배달이 완료되면 기사님들이 사진을 찍어 놓는 경우가 많은데도 내가 받지 않은 척하면 곧바로 '위계에 의한 업무방해죄' 또는 경우에 따라 '사기죄'까지 될 수 있어. 특히 기사님들이 찍어 놓은 사진이 증거가 되겠지. "사진을 봐라, 분명 배달을 했는데도 저 사람이 사기를 치고 있는 것이다"라고 해 버리면 나는 정말 범죄자가 되고 말아. 그러니까 남을 속이는 일은 하지 않도록 하자.

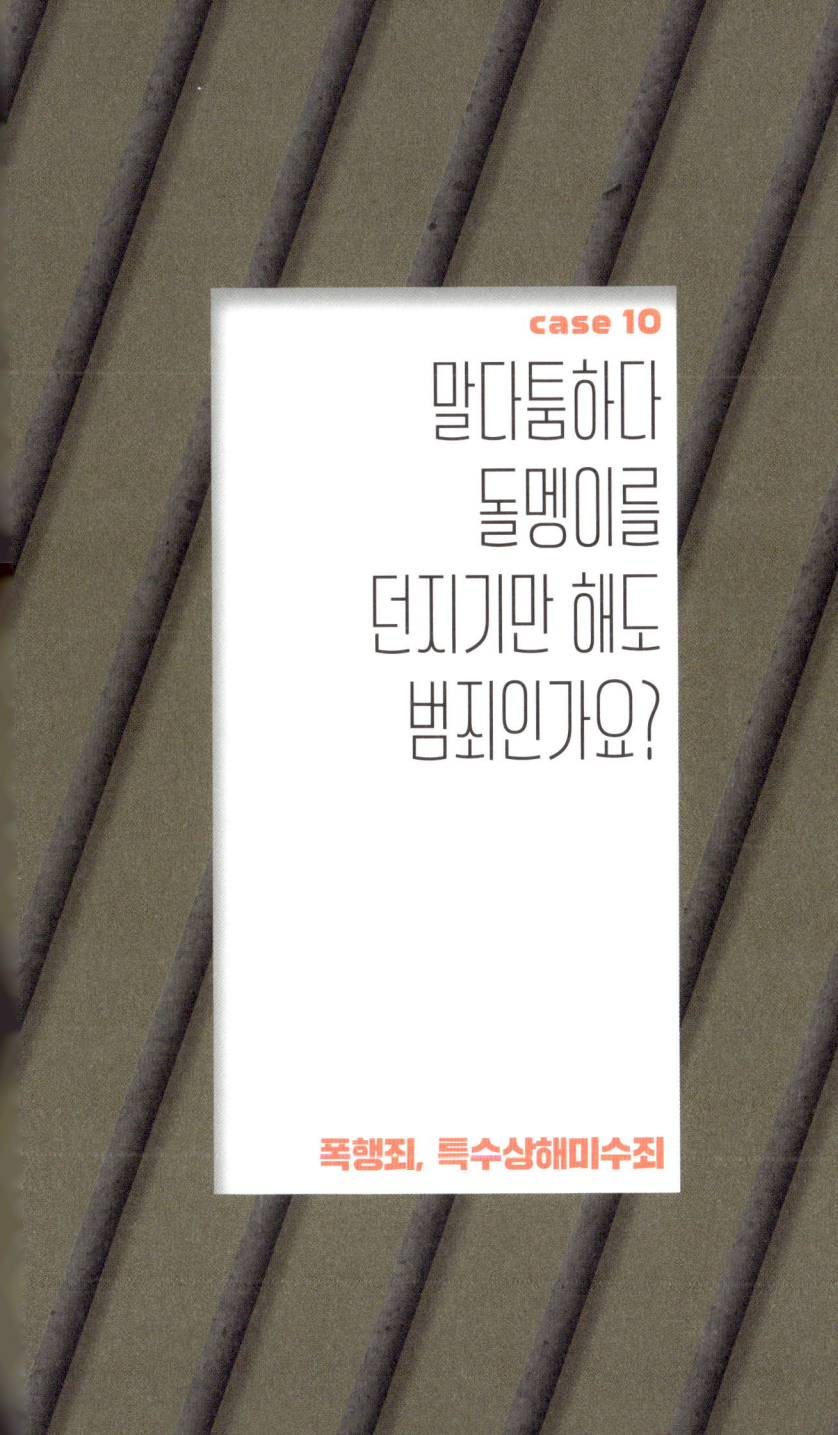

case 10

말다툼하다 돌멩이를 던지기만 해도 범죄인가요?

폭행죄, 특수상해미수죄

돌에 맞진 않았잖아요.
맞추려고 한 건 아니라고요.

돌에 맞았으면
어쩔 뻔했어?
이것도 폭행이야!

엄마야!

쿵

친구랑 다투다가 서로를 밀쳤어요.
그러다 화를 참지 못해 돌멩이를 던졌어요.
친구가 맞지는 않았는데, 이게 범죄가 될까요?

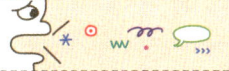 

점심시간, 규환이는 친구 도훈이와 말다툼을 하고 있었어. 사소한 오해에서 시작된 대화가 점점 격해졌지.

"네가 그때 나한테 그렇게 말한 게 문제였잖아!"

"아니, 네가 먼저 그렇게 행동했잖아!"

서로 감정이 격해진 나머지, 순간적으로 서로를 밀쳤어. 하지만 이때까지만 해도 단순한 신경전이었지.

주변 친구들이 "야, 그만해"라며 말렸고, 둘 다 이제 곧 싸움을 멈출 것 같았어. 그런데 규환이는 아까 도훈이가 한 말이 계속 신경 쓰였어. 화가 점점 더 올라왔지. 순간, 옆에 있던 돌멩이가 눈에 들어왔어.

'이거 던지면 다시는 안 그러겠지?'

규환이는 홧김에 돌멩이를 집어 들어 도훈이를 향해 던졌어. 다행히 맞지는 않았지만 도훈이는 깜짝 놀라 몸을 피했고, 주변 친구들도 비명을 질렀어.

"야, 너 뭐 하는 거야!"

그 순간 규환이도 스스로 놀랐어. '아, 내가 너무 심했나?' 하는 생각이 들었지.

도훈이 역시 처음엔 당황했지만 어쨌든 아무도 다치지 않았으니 별일 없을 거라고 생각했어. 규환이는 혼자 운동장 구석으로 가서 돌멩이를 멀리 던지며 속을 풀었어.

'도훈이가 안 맞아서 다행이지. 다쳤으면 후회할 뻔했어.'

그런데 이 장면을 교무실 창문에서 모두 지켜본 선생님이 "이건 그냥 장난이 아니야"라며 규환이를 교무실로 데려갔어. 그리고 며칠 뒤, 도훈이 부모님까지 학교로 오셔서 이번 일을 그냥 넘어갈 수 없다며 경찰에 신고하겠다고 하셨지.

'어? 도훈이는 돌에 맞지도 않았는데?'

규환이는 그제서야 자신의 행동이 심각한 문제가 된 것에 크게 당황했지.

리걸 마인드

사람은 누구나 다툴 수 있어. 감정이 격해지면 친구끼리 말싸움을 하다가 몸이 부딪힐 수도 있고, 때로는 가볍게 밀치는 정도로 끝나기도 해. 그러나 그렇게 '밀치는 일'이 정말 '가볍기만' 한 일인지는 고민해 봐야 해. 나는 가볍게 밀쳤지만 친구는 기분이 매우 나쁘거나 무서워할 수도 있어. 더군다나 내가 상대방보다 덩치가 크거나 나이가 많다면 더 그렇겠지.

만약 내가 초등학교 3학년인데 중학교 1학년 형이 와서 나를 밀쳤다고 생각해 봐. 얼마나 무섭겠어? 그러니 가볍게 밀치는 행위가 항상 '가벼운 일'은 아닐 수 있다는 거야. 더 심각한 상황을 생각해 보면, 나는 화가 나서 가볍게 밀쳤는데 상대방이 밀리다가 의자에 걸려 넘어져서 머리를 크게 다칠 수도 있어. 실제로 그렇게 뇌진탕에 걸려 기절하는 경우도 있지. 그러니 가볍게 밀치는 행위도 때론 심각한 폭력으로 이어질 수 있다는 점을 꼭 알아 둬.

지금부터 약간 복잡할 수 있지만 폭행과 상해에 관한 몇 가지 죄들을 다뤄 볼까 해. 차근차근 따라오면 어렵지 않으니 한번 익혀 두면 큰 도움이 될 거야.

상대가 다치지 않아도 폭행죄예요?

일단 폭행죄에서의 '폭행'은 상대방의 신체에 힘을 가하는 행위야. 한 가지 명심해야 할 건 '상처'를 입히는 행위를 일컫는 것이 아니라는 점이야. 즉, 상대방 신체에 강제로 상대방이 원치 않는 '힘'을 가했으면 폭행이라고 보는 거지. 그래서 친구가 싫어하는데도 어깨를 치거나 밀거나 멱살을 잡는 것도 모두 '폭행죄'가 되는 거야. 모발이나 수염을 잘라 버리는 것, 높지 않은 곳에서 손으로 사람을 미는 것, 다른 사람의 손을 세차게 잡아당기는 것 등도 폭행이 될 수 있어.

물론 놀다가 서로 부딪히거나 '적군 아군' 놀이를 할 때 싸우는 것처럼 밀고 당기는 것들은 모두 폭행이 아니야. 술래잡기처럼 약속된 게임의 룰 안에서 서로 부딪히고 만지고 치는 것도 폭행이 아니지.

그러나 명백히 상대방이 원하지 않는데도 밀쳐서 넘어지게 하거나 멱살을 잡고는 상대방이 다치지 않았으니 '나는 폭행한 게 아니야'라는 생각은 잘못된 거야. 상대방이 싫어하고 두려워하는 행위를 억지로 한 것 자체가 범죄가 될 수 있어.

돌멩이를 던지면 특수폭행죄예요?

그에 더해 폭행할 때 돌멩이 같은 위험한 물건을 이용했다면 '특수폭행죄'가 적용돼. 던진 돌멩이에 상대방이 맞아 상처가 나면 심각한 범죄가 된다는 건 다들 충분히 이해할 거야. 맨손으로 폭행하는 것보다 물건을 쓰면 훨씬 큰 상처를 입힐 수 있으니 더 무거운 처벌을 받는 게 마땅하겠지. 크게 다칠 수 있는 더 심각한 범죄 행위를 저지른 거니까.

그런데 친구를 맞추려고 돌멩이를 던졌는데 맞히지 못했다면 어떨까? 또는 아무도 없는 줄 알고 던졌다가 실수로 누군가가 맞았다면? 이런 경우엔 '의도'를 따져 봐야 할 필요가 있어.

내가 진짜 친구를 맞히려고 던졌다면 분명 나쁜 마음을 먹고 나쁜 짓을 한 거야. 운 좋게 친구가 맞지 않았을 뿐이지. 이건 정말 심각한 범죄야. 예를 들어, 누군가 총을 쏘아서 어떤 사람을 죽이려고 했다고 해 보자. 10번을 쏘았지만 다 빗나갔어. 그런데도 그는 계속 그 사람을 총으로 쏘고 싶었어. 그래서 집에 가서 총알을 10개 더 가져왔는데도 모두 빗나갔지. 안 되겠다 싶어서 내일 총알을 100개 사서 쏘기로 하고 그날은 집에 돌아갔어. 이 사람을 가만히 내버려둬도 될까? 당연히 잡아서 감옥에 가두는 등 조치를 취해야지.

이번엔 다른 경우를 생각해 보자. 누군가 사격 연습을 하던 중 총을 쏘다가 실수로 과녁이 빗나갔는데 사람이 맞아서 사망하고 말았어. 총을 쏜 사람 입장에서는 실수였으니 억울하겠지만 사람을 죽인 엄청나게 큰 잘못을 저지른 거야. 이 사람은 그냥 용서해 줘도 될까? 실수한 것이니까?

아니, 그렇다고 말하긴 어려워. 그러면 실수로는 사람을 다치게 하거나 죽여도 된다는 뜻인데, 실수라고 다 용서해 줘선 안 되겠지. 우리에겐 실수하지 말아야 할 책임도 있으니까. 실수로 누군가를 죽거나 다치게 했다면 실수한 사람 잘못인 거야. 결국 규환이가 한 행동에도 아무런 잘못이 없다고 보긴 어렵겠지.

폭행죄와 상해죄의 차이가 뭐예요?

'폭행죄'랑 구별되는 더 심각한 범죄가 있는데 바로 '상해죄'야. 상해는 상대방에게 상처를 입히기 위해 저지른 일이라고 생각하면 돼. 폭행죄는 상대방에게 '힘'을 가하기만 해도 인정되는 것이라면, 상해죄는 상대방에게 '상처를 입히려는' 의도가 있어야 해.

예를 들어, 친구랑 다투다가 가볍게 미는 건 상대방한테 '상처'를 입히려는 의도가 없는 거지. 그런데 바로 뒤에 날카로운 가시나무가 있는데 친구를 일부러 찔리게 만들려고 세게 밀었다면 상처를 입히려는 의도가 있는 거야. 그럼 폭행죄가 아니라 상해죄가 돼. 상대방의 신체에 실질적인 상처가 발생했고 치료가 필요한 경우이기 때문이지.

만약 돌멩이를 가지고 때렸는데 '상처'를 입히려는 의도가 있었다면 특수상해죄가 되는 거야. 작은 돌멩이를 던지는 정도면 특수폭행죄가 되겠지만, 크고 날카로운 돌멩이를 던져서 상처를 입히면 특수상해죄가 되는 거지. 이처럼 법에서는 어떤 '의도'로 했는지를 매우 중요하게 봐. 결과가 똑같아도 '의도'가 다르면 완전히 다른 처벌을 받을 수 있어.

과실과 미수의 개념이 뭐예요?

하나 더 알아 둘 건 '미수'와 '과실'의 개념이야. 예를 들어, 누군가를 다치게 하려고 돌멩이를 던져서 다치게 했으면 '상해죄'지. 그런데 맞히지 못한 경우는 '상해미수죄'라고 해. 미수란 '실패'했다는 개념이야. 즉 범행을 시도했으나 결과가 발생하지 않았거나 끝내지 못한 상태를 뜻하는 말이야.

자, 여기서 쉬운 이해를 위해 영화 속 악당을 한 번 떠올려 보자. 이 악당은 착한 시민을 죽이려고 했어. 그래서 칼을 휘둘렀는데 시민이 죽지는 않고 다치기만 했지. 그러면 무슨 죄일까? 칼로 다치게 했으니 특수상해죄일까? 아니야, 이땐 살인미수죄야. 살인을 하려는 의도였지만 실패한 것이니 말이야.

이처럼 어떤 사람이 똑같이 '다치더라도' 범죄자가 그 사람을 다치게 하려고 했는지, 죽이려고 했는지에 따라 범죄명이 달라져. 만약 누군가를 다치게 할 생각 없이 실수로 다치게 만들었다면 그땐 어떤 죄일까? 일부러 다치게 하려던 게 아니니 상해죄는 아니야. 이 경우엔 '과실치상죄'라고 해. 과실(실수)로 인하여 사람의 신체를 상하게 하는 범죄가 발생한 거지. 가령 실수로 자동차 운전자가 사람을 치면 과실치상죄가 되는 거야.

너무 복잡하지? 쉽게 이해할 수 있도록 아래에 표로 정리해 보았어.

죄목	속마음(의도)	결과
폭행죄	힘을 가하려는 의도	상대방에게 힘이 가해짐
특수폭행죄	위험한 물건으로 힘을 가하려는 의도	상대방에게 힘이 가해짐
상해죄	다치게 하려는 의도	상대방이 다침
상해미수죄	다치게 하려는 의도	상대방에게 아무 일도 안 일어남
특수상해죄	위험한 물건으로 다치게 하려는 의도	상대방이 다침
특수상해미수죄	위험한 물건으로 다치게 하려는 의도	상대방에게 아무 일도 안 일어남
과실치상죄	실수였으므로 아무 의도가 없었음	상대방이 다침
살인미수죄	살해하려는 의도	상대방이 다침

특히 상대방에게 아무 일이 일어나지 않더라도 내가 나쁜 마음으로 한 행동이거나, 나는 아무 마음이 없었더라도 실수로 상대방이 다친다면 처벌받을 수 있다는 걸 알아 둬야 해.

물론 모든 실수를 처벌하진 않아. 내가 충분히 조심했는데도 어쩔 수 없이 일어난 일이면 용서받을 수 있기도 해. 하지만 충분히 조심하지 않은 경우에는 실수라 하더라도 처벌을 받는다는 사실을 명심하렴.

 **결론** 어떤 처벌을 받나요?

규환이는 친구를 밀쳤으니 폭행죄, 다치게 하려고 돌멩이를 던졌으나 맞지 않았으니 특수상해미수죄의 범죄를 저지른 셈이야. '던진 돌에 맞지 않았으니 괜찮다'는 생각은 법적으로 위험한 착각이지. 순간의 감정이 평생 지워지지 않는 범죄 기록이 될 수도 있다는 점을 꼭 기억해야 돼.

형법 제260조(폭행, 존속폭행)

① 사람의 신체에 대하여 폭행을 가한 자는 2년 이하의 징역, 500만 원 이하의 벌금, 구류 또는 과료에 처한다.

형법 제257조(상해, 존속상해)

① 사람의 신체를 상해한 자는 7년 이하의 징역, 10년 이하의 자격정지 또는 1천만 원 이하의 벌금에 처한다.

형법 제258조의2(특수상해)

① 단체 또는 다중의 위력을 보이거나 위험한 물건을 휴대하여 제257조제1항[1] 또는 제2항[2]의 죄를 범한 때에는 1년 이상 10년 이하의 징역에 처한다.

폭행죄는 최대 징역 2년 또는 벌금 500만 원의 처벌을 받을 수 있어. 그리고 특수상해미수죄는 최대 징역 10년의 처벌을 받을 수 있지.

참고로 상해죄는 처벌 수위가 높아. 최대 징역 7년 또는 벌금 1천만 원의 처벌을 받을 수 있고, 특수상해죄(단체 또는 위험한 물건을 이용한 상해)는 최소 징역 1년 이상부터 시작해서 최대 10년

까지 받을 수 있어. 아무리 화가 나도 폭력을 쓰거나 위험한 물건을 사용하지 않는 것이 중요해.

하나 더
체크하기!

상해를 입혔지만 용서받으면 처벌받지 않을까?

만약 상대방이 나를 다치게 한 건 아니고 단순히 밀치는 정도의 '폭행'을 저질렀다고 해 보자. 이 경우 내가 상대방을 용서하면 상대방은 처벌을 받지 않을 수 있어. 법에는 이렇게 피해자가 '용서'하는 것으로 끝나는 범죄들이 있거든. 폭행죄, 모욕죄, 명예훼손죄, 협박죄 같은 것들이 대표적이야. 이런 경우를 '반의사불벌죄'라고 해.

반면 상대방이 나에게 단순한 폭행죄가 아니라 상해죄를 저지른 상황이라고 해 보자. 나를 다치게 하려고 위험한 물건을 휘둘렀고 내가 다쳤다면? 이 경우에는 내가 '용서'하더라도 상대방은 처벌을 받을 수 있어. 피해자가 용서해도 국가에서 봤을 때 쉽게 용서해서는 안 되는 죄를 저지른 것이니까. 많은 범죄가 피해자의 용서로만 끝나지 않아. 오히려 피해자가 용서해서 죄가 없어지는(무죄) 경우가 더 드물어.

우리 사회에서 절대 어겨서는 안 될 규칙(남을 죽이면 안 된다, 남을 다치게 하면 안 된다 등)을 어기면 피해자가 용서해도 소용없는 거야. 물론 피해자가 용서하면 처벌 수위를 약간 낮출 수는 있겠지만 죄가 없어지진 않아. 그러니 애초에 일부러 누군가를 다치게 할 생각은 절대 하지 말자.

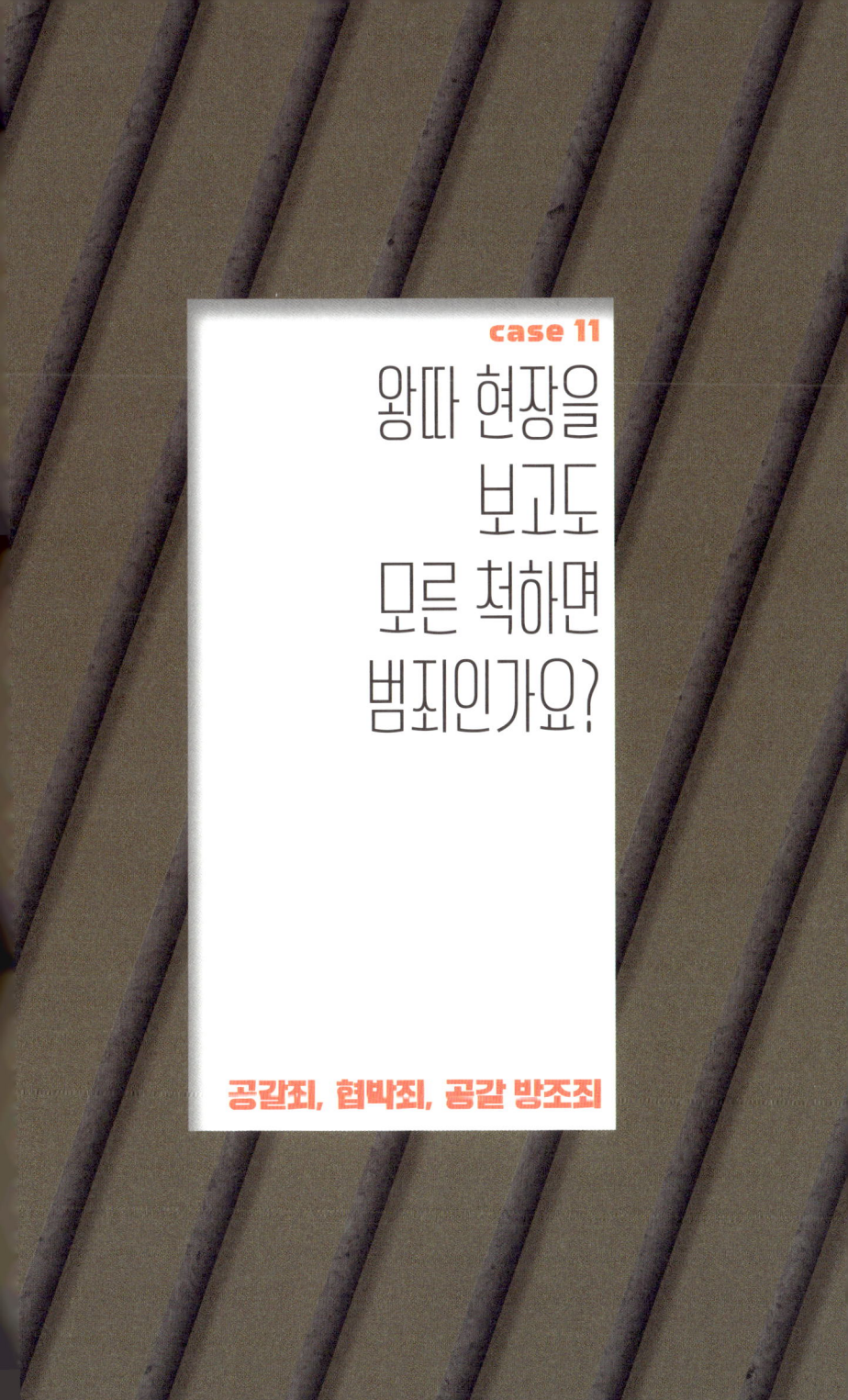

case 11

왕따 현장을
보고도
모른 척하면
범죄인가요?

공갈죄, 협박죄, 공갈 방조죄

하교 시간 무렵, 하영이는 복도를 천천히 걷고 있었어. 코앞으로 다가온 중간고사에 대한 걱정으로 혼자서 생각에 잠겨 있었지. 그런데 복도 끝, 창문 너머에서 작게 울리는 목소리가 들렸어.

"너, 진짜 말 안 듣네. 또 고자질하면 가만 안 둔다고 했지?"

익숙한 목소리였어. 반에서 제일 말이 험하고 친구들을 주도하는 편인 소연이가 은빈이를 몰아세우고 있었던 거야. 소연이는 팔짱을 낀 채 벽에 기대어 있었고, 은빈이는 잔뜩 움츠린 채 가방을 꺼안고 서 있었어.

"그리고 너, 이번에 아이돌 포토 카드 샀더라. 그 정도 돈은 있겠네. 내일까지 만 원 챙겨와. 그럼 오늘은 넘어갈게."

소연이 옆엔 주영이도 서 있었어. 주영이는 아무 말도 하지 않았지만 주위를 둘러보면서 망을 보고 있는 듯했지. 실제로 주영이는 작고 왜소한 편이라 소연이처럼 다른 아이들을 괴롭히지는 않았어. 주로 소연이랑 같이 다니면서 망을 보거나 나쁜 짓을 할 때 곁에 서서 가려 주는 역할 정도를 했지. 이번에도 그렇게 도와주고 있는 것 같았어.

공갈죄, 협박죄, 공갈 방조죄 **125**

하영이는 그 장면을 멈춰 선 채 바라보다가 조심히 발길을 돌렸어. 말릴까도 생각했지만 자기도 예전에 비슷한 상황에서 괜히 나섰다가 따돌림을 당할 뻔한 일이 떠올랐거든.

'이건 그냥 저 아이들의 문제일 수도 있고… 괜히 나섰다가 나만 손해 보는 거 아닐까?'

그런데 다음 날 아침, 하영이는 복도를 지나다가 교실 입구에 서 있는 소연이와 은빈이를 봤어. 은빈이는 꾸깃꾸깃한 만 원짜리 한 장을 소연이에게 건네고 있었지. 하영이는 괜히 가슴이 먹먹해졌어.

'그때 내가 뭔가 했어야 했던 건 아닐까? 아니면 지금이라도 신고해야 하지 않을까?'

그러나 혹시라도 신고하면 소연이가 자기도 괴롭힐까 봐 하영이는 계속 고민만 했지.

리걸 마인드

다른 사람을 협박해서 돈을 빼앗는 게 나쁜 일인 건 모두가 알고 있어. 그렇다면 옆에서 망을 보거나 가만히 서서 나쁜 짓을 가려 주기만 한 것에 대해서는 어떻게 생각해? 많은 사람이 자신은 직접 때리거나 협박하지 않았고 "그냥 옆에 서 있었을 뿐이니 죄가 없다"라고 변명하곤 해. 특히 연예인 중에 과거 학교폭력에 연루되었다는 사실이 폭로되었을 때 "나는 그냥 옆에서 구경만 했다. 억울하다"고 주장하는 경우도 있지. 과연 그럴까?

망을 봐 주는 것만으로도 공범인가요?

집단 따돌림이나 학교폭력 사건에서 주도하지 않고 방관해도 처벌 대상이 될까? 가담하거나 묵인한 학생들도 실제로는 나쁜 짓을 '직접' 하지만 않았을 뿐 도와주는 역할을 한 셈이야. 일단 옆에서 '머릿수'만 채워 줘도 피해자 입장에서는 더 무서울 게 뻔해. 한 명이 괴롭히는 것과 여러 명이 몰려와서 괴롭히는 것은 느껴지는 위압감이나 공포심부터 다르잖아.

나아가 다른 사람이 안 오나 망을 봐 주고 나쁜 짓하는 걸 가려 주기까지 했다면 과연 잘못이 없다고 할 수 있을까? 함께 범죄를 저지른 것이고 '역할'만 달랐다고 해야 하지 않을까?

예를 들어, 은행 강도범 무리가 있다고 해 보자. 한 명은 은행에 쳐들어가서 총을 쐈어. 다른 한 명은 그사이 돈을 챙겼지. 밖에서는 사람들이 근처에 못 오게 막거나 망을 본 사람도 있어. 또 멀리에서 전파를 방해하거나 경찰차를 막은 사람도 있다면 모두 처벌을 받아야겠지? 흔히 말하는 '공범'인 거니까.

공범에는 몇 가지 종류가 있어. 우선 서로 역할을 나눠서 함께 범죄를 저지른 경우를 공동정범이라고 해. 예를 들어 한 사람은 피해자를 유인하고 다른 사람은 폭행하는 식으로 범죄의 실행을 함께 나눈 경우야.

그다음은 종범, 즉 방조범이 있어. 이는 범죄를 적극적으로 함께 하진 않았지만 범죄를 쉽게 하도록 도와준 경우를 말해. 예를 들어, 괴롭힘이 벌어지는 현장에서 아무 말 없이 웃거나 함께 조롱하며 분위기를 부추기는 사람도 방조범이 될 수 있어. 말로 도와주거나 장소를 제공하거나 피해자의 약점을 퍼뜨린 경우도 여기에 해당하지.

또 하나는 교사범이야. 직접 범죄를 저지르진 않았지만 다른 사람에게 나쁜 짓을 하도록 시킨 경우지. 누군가에게 "야, 쟤 좀 괴롭혀 봐"라고 부추기거나 시킨다면 그 사람도 교사범으로 처벌받을 수 있어.

이런 범죄들의 공통점은 어떤 식으로든 '함께' 범죄에 관여했다는 점이야. 직접 때리거나 욕하지 않았다고 해서 잘못이 없는 게 아니야. 옆에서 지켜보기만 해도 그 행동이 누군가에겐 상처가 되고 법적으로도 책임을 져야 할 일이 될 수 있지.

방관한 것도 죄인가요?

그런데 하나 고민이 되는 건 바로 그 장면을 보고 지나친 하영이의 경우야. 하영이는 처벌받아야 할까? 친구가 괴롭힘당하는 걸 보고도 그냥 지나쳤으니까? 그냥 지나친 걸 범죄라고까지 해야 할까? 기본적으로 법은 '나쁜 짓'을 한 사람을 처벌하지, '착한 일'을 안 한 사람까지 처벌하진 않아. 법이 일일이 개입해서 착한 일까지 강요할 수는 없으니까. 그래서 착한 일을 하지 않은 것을 범죄라고 보긴 어려워. 그래서인지 몰라도 세상은 점점 더 각박해지고 있어. 누가 쓰러지거나 폭행을 당하고 있더라도 괜히 휘말릴까 봐 못 본 척 지나가는 사람이 점점 많아지고 있지.

그래서 특정한 상황에서 약자를 돕는 의무를 부과해야 한다는 논의도 적지 않아. 지금도 관련 법이 전혀 없는 건 아니야. 예를 들어, 교사는 학대받는 아이가 있다는 걸 알면 반드시 신고해야 해. 신고하지 않으면 처벌받을 수 있지. 그러나 보통 이런 식의 '착한 일'을 할 법적 의무는 교사나 의사처럼 일부 직업

인들에게만 존재해. '착한 일을 할 의무'를 법적으로 어디까지 규정해야 할지는 여러모로 고민해 볼 문제야.

공갈과 협박의 차이는 뭐예요?

청소년들 사이에서 협박죄와 공갈죄가 빈번하게 발생하고 있어. 돈을 가져오라고 하거나 특정 물건을 사 오라고 요구하고 심한 언어 폭력 등의 행위가 바로 협박죄나 공갈죄에 해당해. 우리는 흔히 '공갈 협박'이라고 해서 둘을 비슷한 의미로 쓰지만, 법적으로는 엄연한 차이가 있어.

'협박죄'는 상대방을 해칠 거라고 말해서 두렵게 만드는 행위를 의미해. "내일 학교갈 때 조심해라. 내 친구들이랑 같이 기다리고 있다가 때려 버릴 거니까"와 같은 말들이지. 2인 이상이 함께 협박죄를 저지르거나 위험한 물건을 이용하여 협박한 경우에는 형법상 특수협박죄가 성립될 수도 있어.

'공갈죄'는 협박죄에 더해 '돈' 같은 재물을 빼앗으려는 행위야. "내일까지 돈을 갖고 오지 않으면 아주 괴로운 일이 생길 거야"처럼 협박하면서 추가로 '돈'을 빼앗으려고 하는 거지. 폭행이나 협박으로 상대방에게 공포심을 준 다음, 재산상의 이익을 취득하면 성립하는 범죄야.

소연이는 은빈이를 협박해서 돈을 빼앗으려 했으니 정확히 말해 '공갈죄'를 저지른 거야. 물론 은빈이가 다음 날 돈을 안 가져오면 '공갈 미수'에 그치겠지. 실제로 돈을 받으면 공갈죄고, 돈을 못 받으면 공갈미수로 보면 돼.

 **결론** 어떤 처벌을 받나요?

결과적으로 소연이는 공갈죄를 저질렀고, 주영이는 공갈방조죄를 저질렀어. 소연이가 공갈을 하는 동안 옆에서 망을 보고 도와주었으니 주영이도 범죄를 저지른 거지. 이처럼 다른 사람의 범죄를 도와주는 경우를 '방조'라고 해.

형법 제350조(공갈)

① 사람을 공갈하여 재물의 교부를 받거나 재산상의 이익을 취득한 자는 10년 이하의 징역 또는 2천만 원 이하의 벌금에 처한다.

앞에서 들었던 은행 강도들의 예처럼 역할을 나누어 범죄를 저지르는 걸 '공범'이라고 해. '방조범'도 공범의 일종이라고 보면 돼. 다만, 직접적으로 역할을 나누는 게 아니라 옆에서 은근히 도와준 정도라면 공범 중에서도 처벌은 약한 편이라고 볼 수 있어.

그렇지만 방조가 결코 가벼운 죄는 아니기 때문에 다른 사람의 나쁜 짓을 돕는 일은 절대로 없어야 해. 나중에 "나는 그냥 옆에 서 있었을 뿐이에요"라고 아무리 변명해 봐야 '방조죄'를 저지른 사실을 부정할 순 없어. 공갈죄는 최대 징역 10년 또는 벌금 2천만 원의 처벌을 받을 수 있고, 공갈방조죄는 공갈죄보다는 낮지만 비슷한 수준에서의 처벌이 이루어질 수 있지.

그리고 하영이는 범죄를 못 본 척하긴 했지만 처벌받는 범죄자까진 아니야. 처벌과 별개로 죄책감에 괴로울 순 있어. 특히 만약 하영이가 신고했다면 은빈이가 괴로움에서 벗어날 수도 있었을 테니 아무 잘못이 없다고 볼 수는 없겠지. 다만 '법적인' 잘못까지는 묻지 않을 뿐이야.

그러나 세상에는 꼭 법으로 처벌받는 잘못만 있는 건 아니야. 법적 처벌을 받지 않는 잘못도 있지. 그러니 혹시라도 곤경에 처한 친구가 있다면 도와줄 방법은 없는지 꼭 고민해 보면 좋겠어. 학교 선생님과 어른들에게 알려서 도움을 구하면 어떨까?

하나 더
체크하기!

따돌림을 단순히 방관하는 건
아무 문제 없을까?

학교폭력예방법에는 학교폭력을 "학교 내외에서 학생을 대상으로 발
생한 상해, 폭행, 감금, 협박, 약취·유인, 명예훼손·모욕, 공갈, 강요·
강제적인 심부름 및 성폭력, 따돌림, 사이버폭력 등에 의하여 신체·정
신 또는 재산상의 피해를 수반하는 행위"라고 규정하고 있어. 특히 따
돌림은 "학교 내외에서 2명 이상의 학생들이 특정인이나 특정 집단의
학생들을 대상으로 지속적이거나 반복적으로 신체적 또는 심리적 공
격을 가하여 상대방이 고통을 느끼도록 하는 모든 행위"를 일컬어.

나아가 이때의 가해 학생은 "학교폭력을 행사하거나 그 행위에 가담한
학생"이라고 정하여 가해 학생의 범위도 넓게 보고 있어.

이처럼 따돌림에 가담한 학생이라고 인정될 경우에는 학교폭력예방법
에 따라 학폭위가 열리고 여러 조치들을 받아. 피해 학생에 대한 단순
한 서면 사과에서부터 학교 봉사, 사회 봉사, 출석 정지, 전학, 퇴학 등
단계별로 일종의 심각한 징계 조치들이지.

유의할 점은 이처럼 학교폭력예방법에 따라 받는 조치는 '형사 처벌'과
는 별개라는 점이야. 형사 처벌을 받으면 벌금이나 징역처럼 전과자(범
죄자)가 되는 것이고, 학교폭력예방법은 잘못에 대한 여러 조치를 받는
것이라 보면 돼. 형사 처벌은 경찰 조사부터 시작해서 법원 재판까지
의 과정을 거치지만, 학교폭력예방법에 따른 조치는 학폭위(학교폭력대책
심의위원회)를 통해서 내려져. 범죄까지는 아니어도 심각한 사안에 대해
여러 징계 조치를 받을 수 있는 것이지.

그러니 반에서 따돌림당하는 친구가 있을 때 그냥 방관한다면 가해 행

위에 '가담'한 것이 되어 징계 조치를 받을 수도 있다는 걸 알아 둬. '가만히 있는 게 범죄는 아니야'라고만 생각하지 말고 따돌림당하는 친구가 있으면 선생님께 알리는 게 바람직한 일이야.

왕따 현장을 보고도 모른 척하면 범죄인가요?

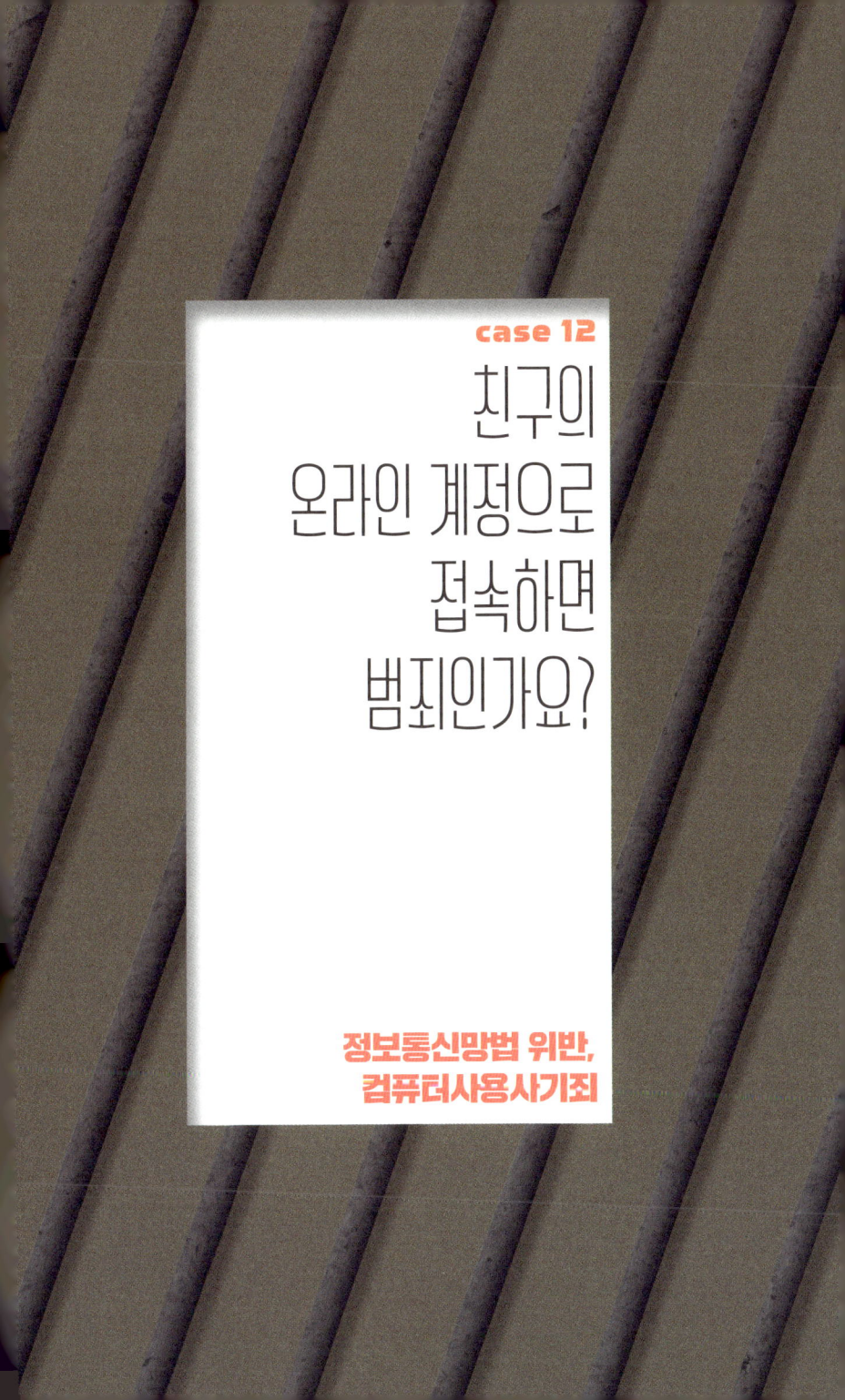

case 12

친구의
온라인 계정으로
접속하면
범죄인가요?

정보통신망법 위반,
컴퓨터사용사기죄

주한이는 게임을 좋아해. 특히 온라인 게임에서 희귀 아이템을 모으는 게 재미있었지. 하지만 원하는 아이템을 얻기 위해선 시간이 오래 걸리거나 돈을 써야 했어.

그러던 어느 날, 친구 민수가 희귀 아이템을 가지고 있다는 걸 알게 됐지.

"민수야, 너 그 아이템 어떻게 구했어?"

"운 좋게 아이템 거래 사이트에서 싸게 샀지. 이거 엄청 구하기 어려워."

그 말을 듣고 주한이는 순간 머릿속에 떠오른 생각이 있었어.

'민수 비밀번호…. 혹시 예전 패턴이랑 똑같지 않을까?'

예전에 민수가 여러 사이트에서 같은 비밀번호를 쓰는 걸 본 적이 있었어. 주한이는 가볍게 장난삼아 민수의 계정으로 로그인해 봤어.

"어? 진짜 들어가졌네?"

게임 계정에 들어가자 민수가 애지중지하는 아이템들이 보였어. 처음엔 그냥 구경만 하려 했지만 욕심이 났지.

'몰래 옮겨도 내가 한 건지 모르겠지? 내가 갖고 있는다고 닳는 것도 아니고 혹시라도 걸리면 돌려주지, 뭐.'

주한이는 아이템을 자신의 계정으로 몰래 옮겼어. 잠시 고민했지만 곧 대수롭지 않게 생각했지.

며칠 뒤, 민수가 화난 얼굴로 말을 걸어왔어.

"내 아이템 없어졌어. 누가 해킹한 거 같아."

"설마? 너 비밀번호 안전한 거 쓰고 있지?"

주한이는 태연한 척했지만 속으로 불안했어. 결국 민수는 게임 운영사에 문의했고 접속 기록을 확인한 결과, 주한이의 컴퓨터에서 로그인한 게 밝혀졌어.

리걸 마인드

보통 친한 친구나 연인, 가족 사이에서 아이디와 비밀번호를 공유하는 경우가 있어. 서로의 이메일을 보거나 메신저를 보기도 하지. 게임의 경우에도 친구에게 아이디와 비밀번호를 빌려줘서 이벤트 참여를 부탁하거나, 게임 플레이를 대신해달라고

요청하는 경우도 흔하게 있어.

그러나 다른 사람의 허락 없이 그 사람의 아이디와 비밀번호로 접속하는 건 심각한 문제가 될 수 있어. 일단 다른 사람의 사적인 이야기나 정보를 함부로 볼 수 있다는 점이 문제야. 누구나 비밀이 있기 마련이고, 나의 이메일이나 메신저 대화를 다른 사람에게 들키는 걸 좋아할 사람은 아무도 없으니 말이지.

다른 사람 아이디로 로그인하면
정보통신망법 위반이에요?

각종 메시지를 보관할 수 있는 메일이나 메신저, SNS 등에 나의 계좌번호나 비밀번호 같은 중요한 정보들을 저장해 둔 경우도 있어. 특히 어른들은 일 때문에 메일을 주고받으면서 신분증이나 여권 사본, 통장 사본 등을 전송하기도 하거든. 이런 것들이 다른 사람의 손아귀에 들어가면 악용될 가능성이 높아.

게임도 역시 문제가 될 수 있어. 요즘 게임 아이템은 고가에 거래되는 경우도 많은데, 몰래 접속해서 게임 아이템을 빼돌리면 금전적 피해를 보는 사람들이 생기지. 온라인 게임 속 아이템은 일종의 '디지털 재산'으로 봐야 해.

무엇보다 시간과 노력을 들여 열심히 아이디(계정)와 캐릭터를 키워 두었는데 누군가 망쳐 버린다면 얼마나 속상하겠어? 정말 그냥 '장난'으로 넘어갈 수 있을까? 요즘은 게임 아이템뿐만 아니라 SNS 계정도 하나의 중요한 자산이 되었어. 남의 자산을 무단으로 사용하는 건 심각한 범죄 행위지.

정보통신망법은 사용자 보호와 안전한 정보통신망 환경을 조성하기 위해 제정된 법률이야. "누구든지 정당한 접근 권한 없이 또는 허용된 접근 권한을 넘어 정보통신망에 침입하여서는 아니 된다"라고 규정하고 있지. '접근 권한'이라는 말이 어려울 수 있는데, 말 그대로 내 아이디와 비밀번호는 나만 쓸 수 있다는 뜻이야. 나에게만 '접근 권한', 즉 '접속할 수 있는 자격'이 있다는 거지. 타인이 내 아이디와 비밀번호를 몰래 쓰면 '정당한 접근 권한' 없이 허용되지 않은 접속 행위를 해서 내 온라인 계정에 침입한 셈이야.

법은 이러한 행위 자체를 범죄로 보고 처벌하고 있어. 그러니 타인의 아이디와 비밀번호를 안다고 해서 허락 없이 접속 자체를 해서는 안 돼. 설령 예전에 그 사람이 급한 일 때문에 나에게 아이디와 비밀번호를 알려 준 적이 있더라도 "앞으로도 계속 마음대로 접속해"라고 허락한 게 아니었다면, 그 일 이후로는 접속하면 안 되는 게 당연한 거야.

더군다나 민수는 주한이에게 아이디와 비밀번호를 알려 준 적도 없는데 주한이가 몰래 알아낸 상황이었으니 처벌을 피하기 어려워.

게임 아이템을 훔치면 절도죄예요, 사기죄예요?

주한이가 민수의 게임 아이템을 훔친 행위를 과연 '절도죄'로 볼 수 있는지가 문제인데 말이야. 절도란 재물을 도둑질한 것을 뜻하는데, 법적으로 게임 아이템은 '재물'이라고 보지 않아. 재물이 되려면 현실에서 만질 수 있거나 물리적으로 관리 가능한 것이어야 하는데 게임 아이템은 일종의 사이버 전자기록에 불과하기 때문이지. 그래서 흔히 게임 아이템을 훔친 것을 '도둑질'로 보더라도, 법적으로 절도는 인정되기 어려워.

마지막으로 고려해 볼 건 컴퓨터를 사용한 사기죄인가야. 보통 게임 내에서 아이템 거래 사기를 쳤을 경우에는 바로 이 '컴퓨터등사용사기죄'의 처벌을 받게 돼. 일반 사기죄랑은 달리 컴퓨터나 스마트폰 등을 이용하여 상대방을 '속여서' 아이템을 가로채는 범죄가 따로 규정이 되어 있는 거지.

그런데 주한이의 경우에는 민수를 '속여서' 아이템을 빼앗은 게 아니라 그냥 몰래 접속해서 빼돌린 상태야. 만약 주한이가 민수한테 그냥 "잠깐 들어가서 캐릭터를 가지고만 놀게" 하고 거짓말을 한 다음 아이템을 빼돌렸다면 '컴퓨터등사용사기죄'가 될 수 있겠지. 그러나 그렇지는 않았기 때문에 이 죄가 적용되진 않아. 결과적으로 주한이는 정보통신망법 위반죄(정보통신망 침해)만 저지른 것이 되었어.

결론 어떤 처벌을 받나요?

여러 정보통신망을 이용하다 보면 아이디와 비밀번호로 로그인해서 사용해야 하는 경우가 많은데, 이때 타인의 정보를 허락 없이 이용할 경우엔 정보통신망 이용촉진 및 정보보호 등에 관한 법률 제48조와 제71조에 의해 처벌돼.

정보통신망 이용촉진 및 정보보호 등에 관한 법률(정보통신망법)

제48조(정보통신망 침해행위 등의 금지) ① 누구든지 정당한 접근 권한 없이 또는 허용된 접근 권한을 넘어 정보통신망에 침입하여서는 아니된다.

이 법은 정당한 접근 권한 없이 정보통신망을 이용하지 말라는 것으로, 타인의 아이디나 비밀번호를 도용해서 로그인하는 것을 금지하고 있어. 결국 주한이가 친구 계정에 허락 없이 로그인한 것은 정보통신망법 위반으로 최대 징역 5년 또는 최대 벌금 5천만 원의 처벌을 받을 수 있는 범죄 행위야.

하나 더 체크하기!

다른 사람의 스마트폰에 있는 사진을 몰래 삭제하는 것도 범죄일까?

다른 사람의 컴퓨터나 스마트폰에 저장된 정보, 그 외에도 이메일이나 클라우드 등 온라인에 보관된 정보를 '전자기록'이라고 해. 전자기록을 훼손할 때 문제되는 게 '전자기록 등 특수매체기록을 손괴 또는 은닉 기타 방법으로 기 효용을 해한' 경우를 처벌하는 전자 기록 등 '손괴죄'야. 우리가 보통 다른 사람의 물건을 부수면 '재물손괴죄'에 해당돼. 그런데 손괴죄에는 전자기록을 손괴한 경우도 포함된단다. 가령 내가 다른 사람의 컴퓨터나 스마트폰에 있는 정보를 함부로 삭제하거나, 다른 사람의 아이디로 로그인해서 이메일이나 대화 메시지를 함부로 삭제하는 것도 이러한 손괴죄에 해당할 수 있어. 그러니 함부로 남의 전자기록을 훼손하지 않도록 주의가 필요해.

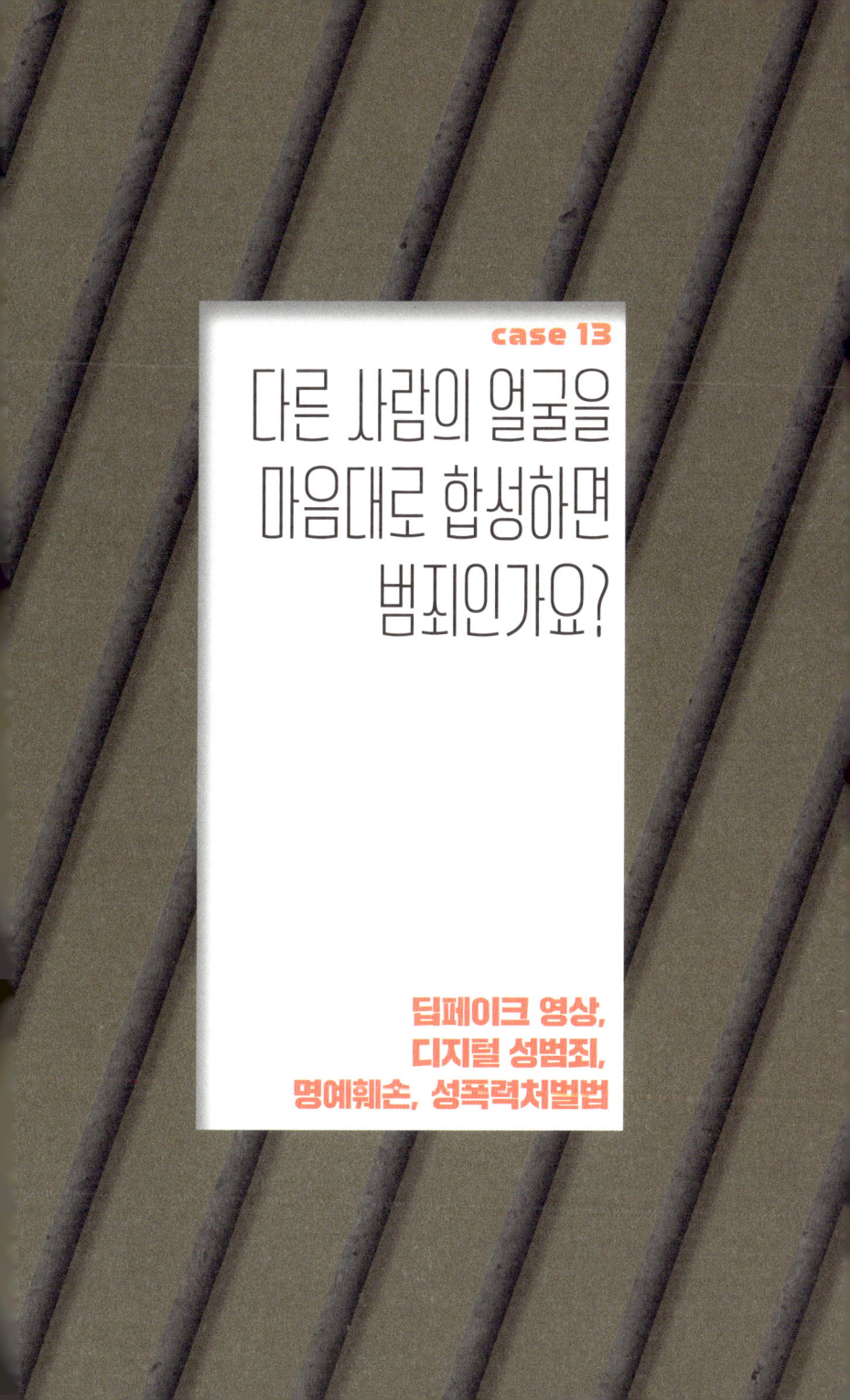

case 13

다른 사람의 얼굴을 마음대로 합성하면 범죄인가요?

딥페이크 영상,
디지털 성범죄,
명예훼손, 성폭력처벌법

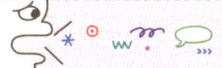 

"수아야, 너 혹시 그 영상 봤어? 네가 나온 거."

친한 친구 민지가 조심스럽게 말을 꺼냈을 때 수아는 또 무슨 가십거리겠거니 생각했어. 그런데 민지의 표정은 심각했지.

민지가 보여 준 휴대폰 화면엔 믿기 힘든 영상이 재생되고 있었어. 어두운 방, 교복을 입은 여자아이, 생기 없는 표정. 그리고 그 얼굴은 누가 봐도 수아였지.

"나 아니야. 이거… 진짜 아니야!"

수아는 영상 속 자신을 부정했지만 이미 늦었어. 같은 반 아이들 대부분이 영상을 본 뒤였고, 몇몇은 캡처한 이미지를 SNS에까지 올렸지. 심지어 댓글에는 수치스러운 말들과 조롱이 이어지고 있었어. 그날 이후, 수아는 한동안 학교에 나가지 못했지.

며칠 뒤, 이 사건은 경찰 수사로 이어졌고 충격적인 사실이 드러났어. 문제의 영상은 '딥페이크'였어. 실제 수아의 얼굴 이미시와 목소리를 AI로 합성한 가짜 영상이었던 거야.

그 영상은 예전부터 수아를 질투하던 친구 영지가 올린 사진에서 시작됐어. 영지가 우스꽝스럽게 나온 수아의 SNS 사진을 몰래 저장해서 여기저기 공유했고, 그걸 본 누군가가 그 사진을 합성해서 딥페이크 영상까지 만들어 퍼트린 거였어.

처음 사진을 퍼뜨린 영지는 "그냥 장난이었고 이렇게 될 줄은 몰랐다"고 말했지만, 이미 수아의 삶은 무너졌어. 영상을 만든 사람이 누구인지는 끝내 찾아내지 못했지. 그 '재미'는 누군가에겐 영원한 상처가 되었어.

리걸 마인드

최근 학교에서는 수업 중 학생들의 사진을 찍거나 영상으로 촬영하는 것을 금지하는 경우가 많아. 초상권 침해 우려가 있고, 아이들의 사진을 활용한 딥페이크 범죄도 종종 발생하다 보니 조심하기 위한 방침이지. 기술이 발달하면서 전문가도 진짜와 가짜를 구별하기 어려울 정도야. 딥페이크가 단순한 장난이 아니라 형사 처벌의 대상이 될 수 있다는 점을 꼭 알고 있어야 해.

우선 다른 사람의 사진을 함부로 퍼뜨리는 건 그 자체로 문제가 될 수 있어. 각자의 스마트폰에는 아마 내 사진 외에 친구

다른 사람의 얼굴을 마음대로 합성하면 범죄인가요?

나 가족 등 다른 사람의 사진도 많이 있을 거야. 이런 사진들은 저마다 '초상권'이 존재하지.

초상권이 뭐예요?

모든 인간은 고유한 존엄과 가치를 가진 존재로, 누구나 자신의 권리를 보호받을 권리가 있어. 이는 헌법이 보장하는 권리인데, 개인은 자신의 초상이 동의 없이 촬영되거나 공개되지 않을 권리를 가지고 있지. 이러한 권리를 바로 '초상권'이라고 해. 즉 우리 각자는 내 얼굴의 주인으로서 '초상권'을 가지고 있는 것이지. 그렇기에 만약 그 사람의 허락도 없이 얼굴 사진을 널리 퍼뜨려서 그 사람의 명예가 훼손되거나 인격이 침해되었다면 그 자체로 불법행위가 될 수 있어. 이럴 경우, 위자료 등 손해배상을 해야 할지도 몰라.

물론 연예인이나 인플루언서처럼 자기 얼굴을 스스로 홍보하는 사람도 있어. 하지만 대부분은 자신의 얼굴 사진이 모르는 곳에 퍼뜨려지는 걸 원치 않을 거야. 그렇기 때문에 자기 얼굴에 대한 권리가 '초상권'으로 보호받는 거지. 다만 초상권 침해는 엄밀히 말해 '범죄'는 아니고 피해를 입은 상대방에게 '돈'을 줘서 손해를 배상해 줘야 하는 문제야(다소 어려울 수 있지만 이런 걸 형사 처벌을 받는 '형사적 문제'가 아닌 '민사적 문제'라고 해).

그런데 경우에 따라서 본인이 원치 않는 데도 얼굴을 반복적, 지속적으로 퍼뜨려 두려움이나 불안감을 일으켰다면 '스토킹 범죄'가 될 수 있어. 타인의 얼굴 또한 소중한 '개인 정보'이기 때문이지. 내 얼굴이 원치도 않는 이상한 사이트에 올라가서 사람들의 조롱거리가 되고 있다면 굉장한 두려움과 불안감을 느낄 수 있잖아? 그런 경우, 그 사진을 올린 사람은 '스토킹 범죄'를 저지른 것으로 보기도 해.

딥페이크가 뭐예요?

청소년이라면 한 번쯤은 AI로 이미지를 생성해 보거나 AI와 대화하며 글을 써 봤을 거야. 최근엔 AI 기술이 더욱 발전해서 글도, 이미지도, 심지어 음악이나 영상까지 놀랍도록 잘 만들어 내지. 그러면서 여러 법적인 문제들도 생겨나고 있어.

특히 다른 사람의 사진이나 영상을 허락도 받지 않고 '합성' 하는 게 아주 심각한 문제야. 다른 사람의 몸 사진에 아는 사람의 얼굴을 넣는 식으로 합치는 거지. 이런 걸 '딥페이크'라고 해. 딥페이크(deepfake)는 '딥러닝(Deep Learning)'과 '페이크(Fake)'의 합성어야. AI 기술 중 하나인 딥러닝을 이용해 가짜(fake) 영상이나 사진을 만드는 것을 말하지.

인물 합성은 역사적 인물의 모습을 재현하거나 가상 캐릭터를 이용한 교육 콘텐츠 제작 등 좋은 목적으로 사용될 수도 있는 반면, 이를 악용하여 가짜 뉴스를 퍼트리거나 타인의 얼굴을 무단으로 사용하여 또 다른 범죄에 활용되는 경우가 있어. 가령 보이스피싱에 활용하거나 가짜 정보를 만들어 내고 확산시키는 현상 등의 또 다른 딥페이크 악용 사례들이 최근에 많아져서 법이 더욱 강력해져야 한다는 목소리가 커지고 있지.

딥페이크 영상을 만들어도, 보기만 해도 범죄인가요?

특히 딥페이크로 타인의 얼굴을 성적인 영상에 합성하거나 알몸 사진처럼 조작한 후 퍼뜨리는 경우에는 단순한 장난이 아니라 심각한 범죄 행위가 돼. 이는 명백한 '디지털 성범죄'로 규정되지. 성적 욕망 또는 수치심을 유발하는 영상물을 편집, 합성, 가공한 것이기 때문에 엄중하게 처벌받아.

최근에는 이런 새로운 기술로 생겨난 문제를 해결하기 위해 새로운 법 조항이 생겼을 정도니, 국가에서도 이 문제를 얼마나 심각하게 다루고 있는지를 알 수 있어. 재미로 영상만 합성한 건데 죄가 될 수 있냐고 묻는 사람도 있겠지만, 피해자에게 심각한 심리적 타격을 줄 수 있기 때문에 성폭력처벌법에 따라 처벌될 수 있다는 사실을 반드시 인식해야 해.

그리고 여기서 중요한 건, '실제 영상'이 아닌 합성된 영상도 성범죄로 본다는 점이야. 진짜 수아가 찍힌 영상이 아니더라도 수아처럼 보이도록 만든 딥페이크 영상은 엄연한 '불법 영상물'이란 거지. 뿐만 아니라 내가 그렇게 합성한 게 아니라 불법 영상물을 반포하거나 소지, 구입, 저장, 시청을 하기만 해도 역시 범죄자가 될 수 있어.

 **결론** 어떤 처벌을 받나요?

딥페이크 영상처럼 타인의 얼굴을 성적인 영상에 합성하거나 알몸처럼 조작한 이미지를 만들고 퍼뜨리는 행위는 성폭력범죄의 처벌 등에 관한 특례법 제14조의2에 따라 7년 이하의 징역 또는 5천만 원 이하의 벌금에 처해질 수 있어. '성폭력처벌법'을 기준으로 설명했지만, 이 사례처럼 피해자가 미성년자인 딥페이크물의 경우 '아동·청소년 성착취물'로 취급되어, '청소

년성보호법'에 따라 더 무거운 처벌을 받게 될 수도 있다는 점
도 알아 두자.

성폭력처벌법 제14조의2(허위영상물 등의 반포등)

① 사람의 얼굴·신체 또는 음성을 대상으로 한 촬영물·영상물 또
는 음성물(이하 이 조에서 "영상물 등"이라 한다)을 영상물 등의 대
상자의 의사에 반하여 성적 욕망 또는 수치심을 유발할 수 있는
형태로 편집·합성 또는 가공(이하 이 조에서 "편집 등"이라 한다)한
자는 7년 이하의 징역 또는 5천만 원 이하의 벌금에 처한다.

② 제1항에 따른 편집물·합성물·가공물(이하 이 조에서 "편집물 등"
이라 한다) 또는 복제물(복제물의 복제물을 포함한다. 이하 이 조에서
같다)을 반포 등을 한 자 또는 제1항의 편집 등을 할 당시에는 영
상물 등의 대상자의 의사에 반하지 아니한 경우에도 사후에 그
편집물 등 또는 복제물을 영상물 등의 대상자의 의사에 반하여
반포 등을 한 자는 7년 이하의 징역 또는 5천만 원 이하의 벌금
에 처한다.

③ 영리를 목적으로 영상물 등의 대상자의 의사에 반하여 정보통
신망을 이용하여 제2항의 죄를 범한 자는 3년 이상의 유기징역
에 처한다.

④ 제1항 또는 제2항의 편집물 등 또는 복제물을 소지·구입·저장 또는 시청한 자는 3년 이하의 징역 또는 3천만 원 이하의 벌금에 처한다.

만약 딥페이크로 만든 영상을 돈벌이 목적으로 인터넷에 퍼뜨렸다면 형량은 훨씬 더 무거워져서 3년 이상의 유기징역에 해당할 수 있어. 영상을 퍼뜨리거나 저장하거나 보기만 해도 3년 이하의 징역 또는 3천만 원 이하의 벌금으로 처벌될 수 있고, 상습적으로 했다면 형량이 더 늘어나.

또한 수아의 얼굴 사진을 처음 퍼뜨린 영지의 행동도 문제가 돼. 처음에는 그냥 장난처럼 사진만 올렸을지 몰라도 그 행위가 딥페이크의 빌미가 되었고, 그 과정에서 명예훼손, 초상권 침해, 나아가 디지털 성범죄에 이르게 된 경로를 제공했기 때문에 죄가 있지. 이처럼 누군가의 피해를 예상하고도 사진을 퍼뜨렸다면 공범이나 방조범으로 처벌될 수 있어.

AI로 만든 이미지의 저작권은
누가 가질까?

요즘 ChatGPT 등 AI가 발달하면서 누구나 이미지를 자유롭게 생성하고 있어. 한때 애니메이션 스튜디오 '지브리'의 스타일로 이미지를 생성하는 게 유행하기도 했지. 너도나도 자신의 사진을 '지브리 스타일'로 만들어 프로필 사진에 올리곤 했어.

여기에서 하나 궁금한 점이 생기지. 과연 내가 ChatGTP 등 AI로 만든 이미지의 저작권은 나에게 있는 걸까?

앞에서 '저작권'에 대해 알아본 걸 기억할 거야. 저작권은 어떤 작품을 창작한 사람이 그 작품에 대해 갖는 권리야. 그런데 AI로 만든 작품은 엄밀히 말해 내가 아닌 AI가 창작한 거니까 과연 저작권이 내 것인지, 아니면 AI 회사 것인지 궁금할 것 같아.

실제로 이 문제는 전 세계적으로 논란이 있었어. AI에 '명령어(프롬프트)'를 입력해서 생성하게 시킨 건 '사람'이니까 그 사람에게 저작권이 있어야 한다, 아니다 등 여러 논쟁이 있었지. 그런데 이 문제에는 현재 전 세계 저작권법은 '인간'이 만든 작품에만 저작권을 인정한다는 전제가 있어. 그 결과, AI가 생성한 건 '인간'이 창작한 것이 아니므로 저작권 자체를 인정할 수 없다는 게 가장 유력한 결론이 되었어.

즉 AI로 만든 이미지에는 저작권이 없기 때문에 그 그림을 내가 생성했더라도 '내 것'이라고 하기에 애매한 상황이지. 주인 없는 그림 같은 셈이야. 다만 AI로 만들었더라도 인간이 수정, 편집, 추가, 보완한 부분에 대해서는 저작권을 인정해야 한다는 의견도 있어. 이처럼 앞으로 AI가 만들어 낸 작품에 대한 법적 논의가 무척 다양해질 것 같아. AI가

창작의 문제를 바꾸고 있는 만큼 꾸준히 이 문제에 깊은 관심을 가져

보는 것이 좋겠어.

다른 사람의 얼굴을 마음대로 합성하면 범죄인가요?

보이스피싱, 사이버 도박과 관련된 알바를 하면 범죄인가요?

사기죄 방조, 도박죄, 도박교사죄

돈을 많이 준다길래 아르바이트를 알아보다가
보이스피싱과 사이버도박 범죄에 연루되었어요.
아르바이트로 잠시 한 건데도 범죄인가요?

중학교 3학년인 민수는 친구들과 게임을 하며 SNS를 즐기는, 겉보기에는 그저 평범한 학생이었어. 다만 민수는 늘 용돈이 부족하다고 느꼈지. 유료 아이템이 넘쳐나는 모바일 게임, 유튜브에서 본 멋진 옷과 전자기기들, 친구들이 자랑하는 최신 운동화를 볼 때면 자신도 '돈만 있으면 얼마든지 가질 수 있을 텐데'라는 생각이 들었거든.

그러던 어느 날, 민수는 SNS에서 이상한 광고 하나를 보게 되었어.

"하루에 30만 원, 간단한 심부름만 하면 끝!"

믿기지 않는 문구였지만, 민수는 무심코 광고에 적힌 텔레그램 아이디로 메시지를 보냈어. 돌아온 답장은 의외로 정중했고, 상대방은 자신을 '구인 업체의 일원'이라 소개하며 '단순 전달 업무'를 맡길 거라고 했지. 민수가 해야 할 일은 간단했어. 어떤 사람에게서 현금을 받아 정해진 장소에 두는 것이었지. 위험한 일은 전혀 없다고 했어.

민수는 처음엔 긴장했지만 실제로 두 번의 심부름을 무사히 마친 뒤 약속된 돈을 받았어. 정말 아무 일도 일어나지 않았고, 돈도 바로 입금되었지. 그 후로도 몇 차례 심부름이 이어졌고 민수는 그 돈으로 친구들에게 치킨을 사 주기도 했어.

알고 보니 민수가 한 일은 보이스피싱 조직의 '수거책' 역할 이었지. 민수가 전달한 돈은 피해자들이 속아서 송금한 돈이었 어. 민수는 조직의 얼굴 없는 윗선들에게 조종당하며 범죄에 이용되고 있었던 거야.

더 큰 문제는 그다음부터였어. 조직은 민수에게 더 큰돈을 벌 수 있는 '특별한 일거리'가 있다고 제안했지. "사이트에서 리워 드를 받는 일인데 사실상 게임 알바 같은 거야"라는 말과 함께 민수는 통장으로 입금된 돈을 사용해 특정 사이트에서 도박을 하도록 유도받았어. 초반에는 조직의 돈으로 시범을 보이며 큰 돈을 따게 했고, 그 결과 민수는 스스로 도박에 손을 대기 시작 했어.

민수는 곧 더 빠르게 흥분을 느끼게 되었고, 본인의 돈까지 사용해 도박을 했어. 더 나아가 같은 반 친구들에게도 "요즘 진 짜 돈 잘 벌고 있다"며 사이트 링크를 공유하고 가입하면 보너

스도 있다는 말로 도박을 권유했어. "그냥 슬롯 돌리는 건데? 어차피 게임이잖아." 민수는 이런 식으로 친구 몇 명을 유입시켰고, 심지어 그중 한 명은 부모님 카드로 몰래 결제까지 하고 말았지.

그러던 어느 날, 학교로 경찰이 찾아왔어. 민수가 보이스피싱 수거책이었다는 점은 피해자의 신고로 이미 확인된 상태였고, 수사를 이어가던 중 민수가 참여한 불법 도박 사이트와 청소년 유입 사례까지 문제가 되었던 거야.

리걸 마인드

민수가 수행한 행위는 '단순 심부름'이나 그냥 게임을 한 것 정도로 보일 수 있지만 법적으로는 중대한 범죄에 해당할 수 있어. 이렇게 나도 모르게 범죄에 연루되는 경우가 상당히 많아. 그러니 평소에 어떤 일들이 범죄가 될 수 있는지 잘 알아 두지 않으면 나도 모르게 범죄자가 될 수도 있단다.

민수는 자신이 저지른 일들로 인해 보이스피싱 수거책, 불법 도박 참가자, 도박 교사자라는 세 가지 입장이 되었어. 모두 범죄자의 범주에 들어가서 심각한 처벌을 받을 수 있지.

보이스피싱 수거책도 강력 처벌받나요?

물론 민수가 피해자에게 직접 전화해서 속인 건 아니야. 하지만 피해자들이 속아서 보낸 돈을 ATM에서 찾아서 범죄자에게 넘겨주는 역할을 했지. 이렇게 돈을 대신 찾는 역할도 보이스피싱 범죄를 도운 것으로 봐. 누군가를 직접 속이진 않았어도 결국 범죄에 '한몫' 한 거니까 법에서는 이런 사람도 '방조범'이라고 불러.

실제로 보이스피싱 같은 범죄에서는 한두 명만 범죄를 저지르는 게 아니야. 전화를 건 사람과 계좌를 제공한 사람, 돈을 보내게 하는 사람, 돈을 찾는 사람, 그걸 다시 전달하는 사람까지 여러 명이 팀처럼 움직이거든. 그래서 그중 누구라도 범죄를 도왔다면 처벌을 받지.

보이스피싱 수거책은 피해자의 금전 손실과 직접적으로 연결되는 역할이기 때문에 단순 가담이라고 해도 실형 가능성이 높아. 잡혀 온 수거책 중에 많은 사람이 "나는 진짜 범죄인지 몰랐어요"라고 말하지만 법은 그 말을 쉽게 믿어 주지 않지. 왜냐

하면 하루에 몇십만 원씩 쉽게 돈을 벌게 해 준다는 말 자체가 누가 봐도 이상하잖아. 그렇게 말도 안 되게 쉽게 돈을 버는 일은 대부분 좋지 않은 일과 연관되어 있는 경우가 많아. 그러니까 이런 경우에는 "나는 몰랐어요"라는 말만으로는 용서받기 어려워. 모르는 것도 죄가 될 수 있는 거야.

형법 제32조(종범)

① 타인의 범죄를 방조한 자는 종범으로 처벌한다.

사이버 도박이 뭐예요?

민수는 보이스피싱 조직의 말에 따라 온라인 도박 사이트에 가입해서 슬롯머신 같은 게임을 하게 되었지. 그런데 이런 행동은 그냥 가벼운 게임처럼 보일 수도 있지만 실제로는 '도박죄'에 해당하는 범죄야.

그럼 도박이 뭘까? 도박이라는 건 돈이나 재산을 걸고 우연이나 운에 따라 이기고 지는 내기를 하는 것을 말해. 예를 들어, 누가 이길지 맞히는 것에 돈을 거는 스포츠 배팅, 동전 던지기 내기, 슬롯머신 게임, 온라인 카드 게임 같은 게 다 도박이야. 혹시 친구들이 비슷한 게임을 스마트폰이나 PC로 하는 걸 본 적이 있다면 선생님이나 부모님께 꼭 알려야 해. 돈이나 현금성 재산을 걸고 하면 불법 도박이기 때문이지.

특히 요즘은 인터넷 도박이 많아. 카카오톡 오픈채팅방이나 텔레그램 같은 메신저 앱, 혹은 도박 웹사이트를 통해 도박장이 만들어지는데 여기에 참여해서 게임하고 돈을 걸면 바로 도박죄를 저지르게 되는 거야.

만약 한두 번이 아니라 반복적으로 도박을 하면 상황은 더 심각해져. 이럴 땐 '상습도박죄'가 적용돼서 더 무거운 처벌을 받을 수 있어.

도박을 권유해도 범죄인가요?

그리고 민수가 친구들에게 도박 사이트를 소개하고 권유한 것은 어떻게 볼 수 있을까? 이건 단순히 정보를 공유한 수준을 넘어서 친구가 도박을 하도록 유도하거나 부추긴 행위로 볼 수 있어. 법적으로는 이런 행동을 '교사'라고 해. 그리고 범죄를 하도록 시킨 사람을 '교사범'이라고 불러.

'교사범'은 쉽게 말하면 직접 범죄를 저지르진 않았지만 다른 사람에게 "이렇게 해 봐", "이거 해도 괜찮아"라며 범죄를 하도록 부추긴 사람이야. 예를 들어, 친구한테 "이 물건 훔쳐도 안 걸려"라고 말해서 친구가 실제로 훔쳤다면 그 말을 한 사람은 절도죄의 교사범이 될 수 있어. "이 사람한테 욕 좀 해 봐"라고 시켜서 친구가 욕을 하고 문제가 생겼다면 시킨 사람은 모욕죄의 교사범이 되는 거지.

민수의 경우도 마찬가지야. 친구에게 "이거 진짜 재밌어", "너도 이 사이트 가입해 봐", "보너스도 준대" 등 흥미를 끌고 도박을 하도록 적극적으로 말하거나 행동했다면 그건 그냥 권유 수준이 아니라 범죄를 유도한 행위로 간주될 수 있어. 즉 권유받은 친구가 실제로 도박에 참여했다면 민수는 그 친구의 도박 행위에 대해 '도박죄의 교사범'이 되는 거야.

법에서는 교사범도 범죄를 저지른 사람과 똑같이 처벌해. 형법에서는 이렇게 규정하고 있어.

제31조(교사범)

① 타인을 교사하여 죄를 범하게 한 자는 죄를 실행한 자와 동일한 형으로 처벌한다.

즉 범죄를 직접 저지른 사람과 그 사람에게 범죄를 하도록 시킨 사람은 똑같은 책임을 지고, 똑같은 형벌을 받을 수 있다는 뜻이야. 그래서 친구가 실제로 도박을 했다면 민수 역시 "나는 그냥 추천만 했을 뿐이야"라고 말하더라도 소용없어. 왜냐하면 행동의 결과(친구의 도박)가 실제로 발생했고, 그 시작에 민수의 유도, 권유, 추천이 있었다고 본다면 민수도 도박죄 교사범으로 처벌받을 수 있기 때문이지.

결론 어떤 처벌을 받나요?

전화금융사기 피해를 당하는 사건이 늘면서 범행에 대한 법적인 처벌 수위도 날로 높아지고 있어. 결국 민수는 보이스피싱 수거책으로 인한 사기죄 방조로 10년 이하의 징역 또는 2천만 원 이하의 벌금에 처해졌지.

도박으로 인한 처벌로는 도박죄로 1천만 원 이하의 벌금, 상습도박죄로 징역 3년 이하 또는 벌금 2천만 원 이하의 처벌을 받아. 그리고 친구를 도박에 빠트린 교사범으로 인정되어 1천만 원 이하의 벌금, 상습도박에 빠트린 죄로 3년 이하의 징역 또는 벌금 2천만 원 이하의 법적 처벌 대상이 된단다.

형법 제347조(사기)

① 사람을 기망하여 재물의 교부를 받거나 재산상의 이익을 취득한 자는 10년 이하의 징역 또는 2천만 원 이하의 벌금에 처한다.

② 전항의 방법으로 제삼자로 하여금 재물의 교부를 받게 하거나 재산상의 이익을 취득하게 한 때에도 전항의 형과 같다.

제246조(도박, 상습도박)

① 도박을 한 사람은 1천만 원 이하의 벌금에 처한다. 다만, 일시 오락 정도에 불과한 경우에는 예외로 한다.

② 상습으로 제1항의 죄를 범한 사람은 3년 이하의 징역 또는 2천만 원 이하의 벌금에 처한다.

하나 더
체크하기!

인터넷에서 이루어지는 마약 구매의 유혹

고액 알바에 솔깃해 보이스피싱 범죄나 도박 범죄뿐만 아니라 마약 판매 및 구매 범죄에 연루되는 사건들이 많아지고 있어. 한순간의 호기심으로 정말 큰 위험에 처할 수 있는 일이야.

특히 텔레그램 같은 메신저나 SNS를 통해 "기분 좋아지는 약", "스트레스 날려 주는 알약" 같은 말로 마약을 은근히 권유하는 광고 글이 많

아. 판매자들은 마약이라는 단어를 직접적으로 쓰지 않고 일상적인 말로 마약이 아닌 것처럼 속이기도 하지.

"이건 합법이야", "안 들켜" 같은 말도 자주 해. 하지만 절대 믿으면 안 돼. 인터넷으로 마약을 구매하거나 단 한 번이라도 복용하면 형사 처벌을 받을 수 있어. 마약류 관리에 관한 법률에 따르면, 마약을 구매하거나 소지하거나 복용하는 것 자체가 모두 범죄야. 청소년이라 하더라도 법적으로 처벌을 피할 수 없어. 물론 보호 처분을 통해 선도와 치료 중심으로 진행되기도 하지만, 기록이 남을 수 있고 학교생활이나 진로에도 큰 영향을 끼쳐.

또한 마약을 친구에게 권하거나 함께 하자고 유도하면 더 큰 처벌을 받아. 도박의 예에서 말한 것처럼, 법에서는 이런 사람을 '교사범'이라고 하는데 직접 마약을 한 사람과 똑같은 수준의 처벌을 받게 돼.

이뿐만 아니라 요즘 마약은 아주 강력한 중독성을 가진 경우가 많아서 한 번만 해도 계속 찾게 돼. 몸과 마음이 망가지고 결국 주변 사람들과의 관계, 학업, 미래까지 다 잃게 되는 거야. 무서운 건 이 모든 일이 처음엔 가벼운 채팅 하나, 링크 하나, 알약 하나에서 시작된다는 거지. 그러니까 절대 호기심으로라도, 단 한 번이라도 마약에 손대지 말아야 해.